PROMESAS DE
DIOS

Para Cada Una de Su...

GRUPO NELSON

Una división de Thomas Nelson Publishers

Desde 1798

NASHVILLE   DALLAS   MÉXICO DF.   RÍO DE JANEIRO

Originally published as
God's Promises® for Your Every Need © 1995
Promesas de Dios para Cada Una de Sus Necesidades
Copyright © 1987, 1995 by W Publishing Group
Copyright © 1999 by J. Countryman, a division
of Thomas Nelson, Inc., Nashville, TN 37214.

Los textos de la Escritura empleados in esta obra han
sido tomados de La Santa Biblica, Biblia de Estudio
Ampliada, Antigua y Nuevo Testamento,
Version Reina-Valera Revisada 1960.

Usada con permiso de las Sociedades Biblical Americanans.

© Sociedades Biblicas en America Latina, 1960.

ISBN 0-8499-5175-5
ISBN 978-0-8499-5175-6

Printed in the United States of America
15 BTY 32

Contenido

7. Verdades de la Biblia Acerca de • 241

8. Qué Puede Hacer Usted Para • 297

9. El Plan de Dios para Salvación • 315

Cristo Es Su . . .

CRISTO ES SU
Salvador

Nos salvó, no por obras de justicia que nosotros hubiéramos hecho, sino por su misericordia, por el lavamiento de la regeneración y por la renovación en el Espíritu Santo,

El cual derramó en nosotros abundantemente por Jesucristo nuéstro Salvador.

Tito 3:5.6

Y nosotros hemos visto y testificamos que el Padre ha enviado al Hijo, el Salvador del mundo.

I Juan 4:14

Y mi espíritu se regocija en Dios mi Salvador.

Lucas 1:47

...porque nosotros mismos hemos oído, y sabemos que verdaderamente éste es el Salvador del mundo, el Cristo.

Juan 4:42b

Porque el Hijo del Hombre vino a buscar y a salvar lo que se había perdido.

Lucas 19:10

Porque de tal manera amó Dios al mundo, que ha dado a su Hijo unigénito, para que todo aquel que en él cree, no se pierda, mas tenga vida eterna. *Juan 3:16*

Siendo justificados gratuitamente por su gracia, mediante la redención que es en Cristo Jesús,

A quien Dios puso como propiciación por medio de la fe en su sangre, para manifestar su justicia, a causa de haber pasado por alto, en su paciencia, los pecados pasados,

Romanos 3:24,25

Pero Dios, que es rico en misericordia, por su gran amor con que nos amó,

Aun estando nosotros muertos en pecados, nos dio vida juntamente con Cristo (por gracia sois salvos),

Efesios 2:4,5

De cierto, de cierto os digo: El que cree en mí, tiene vida eterna.

Juan 6:47

Porque por gracia sois salvos por medio de la fe; y esto no de vosotros, pues es don de Dios;

No por obras, para que nadie se gloríe.

Efesios 2:8,9

Que si confesares con tu boca que Jesús es el Señor, y creyeres en tu corazón que Dios le levantó de los muertos, serás salvo.

Romanos 10:9

De modo que si alguno está en Cristo, nueva criatura es; las cosas viejas pasaron; he aquí todas son hechas nuevas.

2 Corintios 5:17

Quien nos salvó y llamó con llamamiento santo, no conforme a nuestras obras, sino según el propósito suyo y la gracia que nos fue dada en Cristo Jesús antes de los tiempos de los siglos.

2 Timoteo 1:9

Pero él los salvó por amor de su nombre, para hacer notorio su poder.

Salmo 106:8

Señor

Por lo cual Dios también le exaltó hasta lo sumo, y le dio un nombre que es sobre todo nombre,

Para que en el nombre de Jesús se doble toda rodilla de los que están en los cielos, y en la tierra, y debajo de la tierra;

Y toda lengua confiese que Jesucristo es el Señor, para gloria de Dios padre.

Filipenses 2:9-11

Que si confesares con tu boca que Jesús es el Señor, y creyeres en tu corazón que Dios le levantó de los muertos, serás salvo.

Porque con el corazón se cree para justicia, pero con la boca se confiesa para salvación.

Romanos 10:9,10

¿Por qué me llamáis, Señor, Señor, y no hacéis lo que yo digo?

Lucas 6:46

Ni tampoco presentéis vuestros miembros al pecado como instrumentos de iniquidad, sino presentaos vosotros mismos a Dios como vivos de entre los muertos, y vuestros miembros a Dios como instrumentos de justicia.

Porque el pecado no se enseñoreará de vosotros; pues no estáis bajo la ley, sino bajo la gracia.

¿Qué, pues? ¿Pecaremos, porque no estamos bajo la ley, sino bajo la gracia? En ninguna manera.

¿No sabéis que si os sometéis a alguien como esclavos para obedecerle, sois esclavos de aquel a quien obedecéis, sea del pecado para muerte, o sea de la obediencia para justicia?

Romanos 6:13-16

Así que, hermanos, os ruego por las misericordias de Dios, que presentéis vuestros cuerpos en sacrificio vivo, santo, agradable a Dios, que es vuestro culto racional.

No os conforméis a este siglo, sino transformaos por medio de la renovación de vuestro entendimiento, para que comprobéis cuál sea la buena voluntad de Dios, agradable y perfecta.

Romanos 12:1,2

¿O ignoráis que vuestro cuerpo es templo del Espíritu Santo, el cual está en vosotros, el cual tenéis de Dios, y que no sois vuestros?

Porque habéis sido comprados por precio; glorificad, pues, a Dios en vuestro cuerpo y en vuestro espíritu, los cuales son de Dios.

1 Corintios 6:19,20

Sepa, pues, ciertísimamente toda la casa de Israel, que a este Jesús a quien vosotros crucificasteis, Dios le ha hecho Señor y Cristo.

Hechos 2:36

Pues si vivimos, para el Señor vivimos; y si morimos, para el Señor morimos. Así pues, sea que vivamos, o que muramos, del Señor somos.

Romanos 14:8

Bendito el Señor; cada día nos colma de beneficios el Dios de nuestra salvación. *Selah*

Salmo 68:19

Pero en cuanto a mí, el acercarme a Dios es el bien; he puesto en Jehová el Señor mi esperanza, para contar todas tus obras.

Salmo 73:28

Porque tú, Señor, eres bueno y perdonador, y grande en misericordia para con todos los que te invocan.

Salmo 86:5

Porque Jehová el Señor me ayudará, por tanto no me avergoncé; por eso puse mi rostro como un pedernal, y sé que no seré avergonzado.

Isaías 50:7

Y amarás al Señor tu Dios con todo tu corazón, y con toda tu alma, y con toda tu mente y con todas tus fuerzas. Este es el principal mandamiento.

Marcos 12:30

Porque David dice de él: Veía al Señor siempre delante de mí; porque está a mi diestra, no seré conmovido.

Hechos 2:25

Amor

Mas Dios muestra su amor para con nosotros, en que siendo aún pecadores, Cristo murió por nosotros.

Romanos 5:8

Porque de tal manera amó Dios al mundo que ha dado a su Hijo unigénito, para que todo aquel que en él cree, no se pierda, más tenga vida eterna.

Juan 3:16

Amados, amémonos unos a otros; porque el amor es de Dios. Todo aquel que ama, es nacido de Dios, y conoce a Dios.

El que no ama, no ha conocido a Dios; porque Dios es amor.

En esto se mostró el amor de Dios para con nosotros, en que Dios envió a su Hijo unigénito al mundo, para que vivamos por él.

En esto consiste el amor: no en que nosotros hayamos amado a Dios, sino en que él nos amó a nosotros, y envió a su Hijo en propiciación por nuestros pecados.

Amados, si Dios nos ha amado así, debemos también nosotros amarnos unos a otros.

Nadie ha visto jamás a Dios. Si nos amamos unos a otros, Dios permanece en nosotros, y su amor se ha perfeccionado en nosotros.

1 Juan 4:7-12

Y nosotros hemos conocido y creído el amor que Dios tiene para con nosotros. Dios es amor; y el que permanece en amor, permanece en Dios, y Dios en él.

Nosotros le amamos a él, porque él nos amó primero.

1 Juan 4:16,19

Como el Padre me ha amado, así también yo os he amado; permaneced en mi amor.

Si guardareis mis mandamientos, permaneceréis en mi amor; así como yo he guardado los mandamientos de mi Padre, y permanezco en su amor.

Estas cosas os he hablado, para que mi gozo esté en vosotros, y vuestro gozo sea cumplido.

Este es mi mandamiento: Que os améis unos a otros, como yo os he amado.

Nadie tiene mayor amor que éste, que uno ponga su vida por sus amigos.

Esto os mando: Que os améis unos a otros.

Juan 15:9-13,17

Para que habite Cristo por la fe en vuestros corazones, a fin de que, arraigados y cimentados en amor,

Seáis plenamente capaces de comprender con todos los santos cuál sea la anchura, la longitud, la profundidad y la altura,

Y de conocer el amor de Cristo, que excede a todo conocimiento, para que seáis llenos de toda la plenitud de Dios.

Efesios 3:17-19

Yo amo a los que me aman, y me hallan los que temprano me buscan.

Proverbios 8:17

Jehová se manifestó a mí hace ya mucho tiempo, diciendo: Con amor eterno te he amado; por tanto, te prolongué mi misericordia.

Jeremías 31:3

Y te desposaré conmigo para siempre; te desposaré conmigo en justicia, juicio, benignidad y misericordia.

Oseas 2:19

El que tiene mis mandamientos, y los guarda, ése es el que me ama; y el que me ama, será amado por mi Padre, y yo le amaré, y me manifestaré a él.

Juan 14:21

Pero de día mandará Jehová su misericordia, y de noche su cántico estará conmigo, y mi oración al Dios de mi vida.

Salmo 42:8

Y ahora permanecen la fe, la esperanza y el amor, estos tres; pero el mayor de ellos es el amor.

1 Corintios 13:13

Por lo cual estoy seguro de que ni la muerte, ni la vida, ni ángeles, ni principados, ni potestades, ni lo presente, ni lo por venir,

Ni lo alto, ni lo profundo, ninguna otra cosa creada nos podrá separar del amor de Dios, que es en Cristo Jesús Señor nuestro.

Romanos 8:38,39

Paz

Tú guardarás en completa paz a aquel cuyo pensamiento en ti persevera; porque en ti ha confiado.

Isaías 26:3

Pero ahora en Cristo Jesús, vosotros que en otro tiempo estabais lejos, habéis sido hechos cercanos por la sangre de Cristo.

Porque él es nuestra paz, que de ambos pueblos hizo uno, derribando la pared intermedia de separación,

Efesios 2:13,14

Porque un niño nos es nacido, hijo nos es dado, y el principado sobre su hombro; y se llamará su nombre Admirable, Consejero, Dios fuerte, Padre eterno, Príncipe de paz.

Lo dilatado de su imperio y la paz no tendrán límite, sobre el trono de David y sobre su reino, disponiéndolo y confirmándolo en juicio y en justicia desde ahora y para siempre. El celo de Jehová de los ejércitos hará esto.

Isaías 9:6,7

Y el Dios de paz aplastará en breve a Satanás bajo vuestros pies. La gracia de nuestro Señor Jesucristo sea con vosotros.

Romanos 16:20

Jehová, tú nos darás paz, porque también hiciste en nosotros todas nuestras obras.

Isaías 26:12

Lo que aprendisteis y recibisteis y oísteis y visteis en mí, esto haced; y el Dios de paz estará con vosotros.

Filipenses 4:9

Justificados, pues, por la fe, tenemos paz para con Dios por medio de nuestro Señor Jesucristo;

Romanos 5:1

Y la paz de Dios gobierne en vuestros corazónes, a la que asimismo fuisteis llamados en un solo cuerpo; y sed agradecidos.

Colosenses 3:15

En paz me acostaré, y asimismo dormiré; porque solo tú Jehová, me haces vivir confiado.

Salmo 4:8

Jehová dará poder a su pueblo; Jehová bendecirá a su pueblo con paz.

Salmo 29:11

La paz os dejo, mi paz os doy; yo no os la doy como el mundo la da. No se turbe vuestro corazón, ni tenga miedo.

Juan 14:27

Por nada estéis afanosos, sino sean conocidas vuestras peticiones delante de Dios en toda oración y ruego, con acción de gracias.

Y la paz de Dios, que sobrepasa todo entendimiento, guardará vuestros corazones y vuestros pensamientos en Cristo Jesús.

Filipenses 4:6,7

Perdón

Para alabanza de la gloria de su gracia, con la cual nos hizo aceptos en el Amado,

En quien tenemos redención por su sangre, el perdón de pecados según las riquezas de su gracia,

Efesios 1:6,7

Perdonaste la iniquidad de tu pueblo; todos los pecados de ellos cubriste. *Selah*

Salmo 85:2

De modo que si alguno está en Cristo, nueva criatura es; las cosas viejas pasaron; he aquí todas son hechas nuevas.

2 Corintios 5:17

Cuanto está lejos el oriente del occidente, hizo alejar de nosotros nuestras rebeliones.

Salmo 103:12

Hijitos míos, estas cosas os escribo para que no pequéis; y si alguno hubiere pecado, abogado tenemos para con el Padre, a Jesucristo el justo.

1 Juan 2:1

Si confesamos nuestros pecados, el es fiel y justo para perdonar nuestros pecados, y limpiarnos de toda maldad.

1 Juan 1:9

Porque seré propicio a sus injusticias, y nunca más me acordare de sus pecados y de sus iniquidades.

Hebreos 8:12

Deje el impío su camino, y el hombre inicuo sus pensamientos, y vuélvase a Jehová, el cual tendrá de él misericordia, y al Dios nuestro, él cual será amplio en perdonar.

Isaías 55:7

Soportándoos unos a otros, y perdonándoos unos a otros si alguno tuviere queja contra otro. De la manera que Cristo os perdonó, así también hacedlo vosotros.

Colosenses 3:13

Y cuando estéis orando, perdonad, si tenéis algo contra alguno, para que también vuestro Padre que está en los cielos os perdone a vosotros vuestras ofensas.

Marcos 11:25

Y a vosotros, estando muertos en pecados y en la incircuncisión de vuestra carne, os dio vida juntamente con él, perdonándoos todos los pecados,

Colosenses 2:13

Y los limpiaré de toda su maldad con que pecaron contra mí; y perdonaré todos sus pecados con que contra mí pecaron, y con que contra mí se rebelaron.

Jeremías 33:8

Venid luego, dice Jehová, y estemos a cuenta: si vuestros pecados fueren como la grana, como la nieve serán emblanquecidos; si fueren rojos como el carmesí, vendrán a ser como blanca lana.

Isaías 1:18

Yo, yo soy el que borro tus rebeliones por amor de mí mismo, y no me acordaré de tus pecados.

Isaías 43:25

Bienaventurado aquel cuya transgresión ha sido perdonada, y cubierto su pecado.

Bienaventurado el hombre a quien Jehová no culpa de iniquidad, y en cuyo espíritu no hay engaño.

Salmo 32:1,2

Justicia

Al que no conoció pecado, por nosotros lo hizo pecado, para que nosotros fuésemos hechos justicia de Dios en él.

2 Corintios 5:21

Mas por él estáis vosotros en Cristo Jesús, el cual nos ha sido hecho por Dios sabiduría, justificación, santificación y redención;

1 Corintios 1:30

Y ser hallado en él, no teniendo mi propia justicia, que es por la ley, sino la que es por la fe de Cristo, la justicia que es de Dios por la fe;

Filipenses 3:9

Así Abraham creyó a Dios, y le fue contado por justicia.

Sabed, por tanto, que los que son de fe éstos son hijos de Abraham.

Gálatas 3:6,7

La justicia de Dios por medio de la fe en Jesucristo, para todos los que creen en él. Porque no hay diferencia,

Romanos 3:22

Siendo justificados gratuitamente por su gracia, mediante la redención que es en Cristo Jesús,

A quien Dios puso como propiciación por medio de la fe en su sangre, para manifestar su justicia, a causa de haber pasado por alto, en su paciencia, los pecados pasados,

Con la mira de manifestar en este tiempo su justicia, a fin de que él sea el justo, y el que justifica al que es de la fe de Jesús.

Romanos 3:24-26

Mas al que no obra, sino cree en aquel que justifica al impío, su fe le es contada por justicia.

Romanos 4:5

Pues si por la transgresión de uno solo reinó la muerte, mucho más reinarán en vida por uno solo, Jesucristo, los que reciben la abundancia de la gracia y del don de la justicia.

Romanos 5:17

Nos salvó, no por obras de justicia que nosotros hubiéramos hecho, sino por su misericordia, por el lavamiento de la regeneración y por la renovación en el Espíritu Santo,

Tito 3:5

Porque lo que era imposible para la ley, por cuanto era débil por la carne, Dios, enviando a su Hijo en semejanza de carne de pecado y a causa del pecado, condenó al pecado en la carne;

Para que la justicia de la ley se cumpliese en nosotros, que no andamos conforme a la carne, sino conforme al Espíritu.

Romanos 8:3,4

¿Qué, pues, diremos? Que los gentiles, que no iban tras la justicia, han alcanzado la justicia, es decir, la justicia que es por fe;

Romanos 9:30

Pero si Cristo está en vosotros, el cuerpo en verdad está muerto a causa del pecado, mas el espíritu vive a causa de la justicia.

Romanos 8:10

Porque a los que antes conoció, también los predestinó para que fuesen hechos conforme a la imagen de su Hijo, para que él sea el primogénito entre muchos hermanos.

Y a los que predestinó, a éstos también llamó; y a los que llamó, a éstos también justificó; y a los que justificó, a éstos también glorificó.

Romanos 8:29,30

Y el efecto de la justicia será paz; y la labor de la justicia, reposo y seguridad para siempre.

Isaías 32:17

Con justicia serás adornada; estarás lejos de opresión, porque no temerás, y de temor, porque no se acercará a ti.

Si alguno conspirare contra ti, lo hará sin mí; el que contra ti conspirare, delante de ti caerá.

He aquí que yo hice al herrero que sopla las ascuas en el fuego, y que saca la herramienta para su obra; y yo he creado al destruidor para destruir.

Ninguna arma forjada contra ti prosperará, y condenarás toda lengua que se levante contra ti en juicio. Esta es la herencia de los siervos de Jehová, y su salvación de mí vendra, dijo Jehová.

Isaías 54:14-17

Porque con el corazón se cree para justicia, pero con la boca se confiesa para salvación.

Romanos 10:10

Libertador

El Espíritu de Jehová el Señor está sobre mí, porque me ungió Jehová; me ha enviado a predicar buenas nuevas a los abatidos, a vendar a los quebrantados de corazón, a publicar libertad a los cautivos, y a los presos apertura de la cárcel.

Isaías 61:1

Y conoceréis la verdad, y la verdad os hará libres. Así que, si el Hijo os libertare, seréis verdaderamente libres.

Juan 8:32,36

Porque la ley del Espíritu de vida en Cristo Jesús me ha librado de la ley del pecado y de la muerte.

Romanos 8:2

Porque el Señor es el Espíritu; y donde está el Espíritu del Señor, allí hay libertad.

2 Corintios 3:17

Mas ahora que habéis sido libertados del pecado y hechos siervos de Dios, tenéis por vuestro fruto la santificación, y como fin, la vida eterna.

Romanos 6:22

Porque tú quebraste su pesado yugo, y la vara de su hombro, y el cetro de su opresor, como en el día de Madián.

Isaías 9:4

El Espíritu del Señor está sobre mí, por cuanto me ha ungido para dar buenas nuevas a los pobres; me ha enviado a sanar a los quebrantados de corazón; a pregonar libertad a los cautivos, y vista a los ciegos; a poner en libertad a los oprimidos.

Lucas 4:18

He aquí os doy potestad de hollar serpientes y escorpiones, y sobre toda fuerza del enemigo, y nada os dañará.

Lucas 10:19

Y estas señales seguirán a los que creen: En mi nombre echarán fuera demonios; hablarán nuevas lenguas.

Marcos 16:17

Y ellos le han vencido por medio de la sangre del Cordero y de la palabra del testimonio de ellos, y menospreciaron sus vidas hasta la muerte.

Apocalipsis 12:11

Amados, no creáis a todo espíritu, sino probad los espíritus si son de Dios; porque muchos falsos profetas han salido por el mundo.

En esto conoced el Espíritu de Dios; Todo espíritu que confiesa que Jesucristo ha venido en carne, es de Dios;

Y todo espíritu que no confiesa que Jesucristo ha venido en carne, no es de Dios: y este es el espíritu del anticristo, el cual vosotros habéis oído que viene, y que ahora ya está en el mundo.

Hijitos, vosotros sois de Dios, y los habéis vencido; porque mayor es el que está en vosotros, que el que está en el mundo.

1 Juan 4:1-4

Amigo

Lo que hemos visto y oído, eso os anunciamos, para que también vosotros tengáis comunión con nosotros; y nuestra comunión verdaderamente es con el Padre, y con su Hijo Jesucristo.

1 Juan 1:3

Fiel es Dios, por el cual fuisteis llamados a la comunión con su Hijo Jesucristo nuestro Señor.

1 Corintios 1:9

He aquí yo estoy a la puerta y llamo; si alguno oye mi voz y abre la puerta, entraré a él, y cenaré con él, y él conmigo.

Apocalipsis 3:20

Respondió Jesús y le dijo: El que me ama, mi palabra guardará; y mi Padre le amará, y vendremos a él, y haremos morada con él.

Juan 14:23

Canta y alégrate, hija de Sión: Porque he aquí vengo, y moraré en medio de ti, ha dicho Jehová.

Zacarías 2:10

Porque donde están dos o tres congregados en mi nombre, allí estoy yo en medio de ellos.

Mateo 18:20

El que tiene mis mandamientos, y los guarda, ése es el que me ama; y el que me ama, será amado por mi Padre, y yo le amaré, y me manifestaré a él.

Juan 14:21

Permaneced en mí, y yo en vosotros. Como el pámpano no puede llevar fruto por sí mismo, si no permanece en la vid, así tampoco vosotros, si no permanecéis en mí.

Yo soy la vid, vosotros los pámpanos; el que permanece en mí, y yo en él, éste lleva mucho fruto; porque separados de mí nada podéis hacer.

Si permanecéis en mí, y mis palabras permanecen en vosotros, pedid todo lo que queréis, y os será hecho.

Juan 15:4,5,7

Por tanto, si hay alguna consolación en Cristo, si algún consuelo de amor, si alguna comunión del Espíritu, si algún afecto entrañable, si alguna misericordia,

Completad mi gozo, sintiendo lo mismo, teniendo el mismo amor, unánimes, sintiendo una misma cosa.

Filipenses 2:1,2

Compañero soy yo de todos los que te temen y guardan tus mandamientos.

Salmo 119:63

Y andad en amor, como también Cristo nos amó, y se entregó a sí mismo por nosotros, ofrenda y sacrificio a Dios en olor fragante.

Hablando entre vosotros con salmos, con himnos y cánticos espirituales, cantando y alabando al Señor en vuestros corazones;

Porque somos miembros de su cuerpo, de su carne y de sus huesos.

Efesios 5:2,19,30

Este es el mensaje que hemos oído de él, y os anunciamos: Dios es luz, y no hay ningunas tinieblas en él.

Si decimos que tenemos comunión con él, y andamos en tinieblas, mentimos, y no practicamos la verdad;

Pero si andamos en luz, como él está en luz, tenemos comunión unos con otros, y la sangre de Jesucristo su Hijo nos limpia de todo pecado.

1 Juan 1:5-7

Ejemplo

Pues para esto fuisteis llamados porque también Cristo padeció por nosotros, dejándonos ejemplo, para que sigáis sus pisadas;

1 Pedro 2:21

El que dice que permanece en él debe andar como él anduvo.

1 Juan 2:6

Sed, pues, imitadores de Dios como hijos amados.

Y andad en amor, como también Cristo nos amó, y se entregó a sí mismo por nosotros, ofrenda y sacrificio a Dios en olor fragante.

Efesios 5:1,2

Haya, pues, en vosotros este sentir que hubo también en Cristo Jesús,

El cual, siendo en forma de Dios, no estimó el ser igual a Dios como cosa a que aferrarse,

Sino que se despojó a sí mismo, tomando forma de siervo, hecho semejante a los hombres;

Y estando en la condición de hombre, se humilló a sí mismo, haciéndose obediente hasta la muerte, y muerte de cruz.

Filipenses 2:5-8

Pero no será así entre vosotros, sino que el que quiera hacerse grande entre vosotros será vuestro servidor,

Y el que de vosotros quiera ser el primero, será siervo de todos.

Porque el Hijo del Hombre no vino para ser servido, sino para servir, y para dar su vida en rescate por muchos.

Marcos 10:43-45

Pues si yo, el Señor y el Maestro, he lavado vuestros pies, vosotros también debéis lavaros los pies los unos a los otros.

Porque ejemplo os he dado, para que como yo os he hecho, vosotros también hagáis.

Juan 13:14,15

Un mandamiento nuevo os doy: Que os améis unos a otros; como yo os he amado, que también os améis unos a otros.

Juan 13:34

En esto hemos conocido el amor, en que él puso su vida por nosotros; también nosotros debemos poner nuestras vidas por los hermanos.

1 Juan 3:16

Pero el Dios de la paciencia y de la consolación os dé entre vosotros un mismo sentir según Cristo Jesús,

Para que unánimes, a una voz, glorifiquéis al Dios y Padre de nuestro Señor Jesucristo.

Por tanto, recibíos los unos a los otros, como también Cristo nos recibió, para gloria de Dios.

Romanos 15:5-7

Soportándoos unos a otros, y perdonándoos unos a otros si alguno tuviere queja contra otro. De la manera que Cristo os perdonó, así también hacedlo vosotros.

Colosenses 3:13

Puestos los ojos en Jesús, el autor y consumador de la fe, el cual por el gozo puesto delante de él sufrió la cruz, menospreciando el oprobio, y se sentó a la diestra del trono de Dios,

Considerad a aquel que sufrió tal contradicción de pecadores contra sí mismo, para que vuestro ánimo no se canse hasta desmayar.

Hebreos 12:2,3

Compañero

Compañero soy yo de todos los que te temen y guardan tus mandamientos.

Salmo 119:63

El hombre que tiene amigos ha de mostrarse amigo; y amigo hay más unido que un hermano.

Proverbios 18:24

Sean vuestras costumbres sin avaricia, contentos con lo que tenéis ahora; porque él dijo: No te desampararé, ni te dejaré.

Hebreos 13:5

Ya no os llamaré siervos, porque el siervo no sabe lo que hace su señor; pero os he llamado amigos, porque todas las cosas que oí de mi Padre, os las he dado a conocer.
No me elegisteis vosotros a mí, sino que yo os elegí a vosotros, y os he puesto para que vayáis y llevéis fruto, y vuestro fruto permanezca; para que todo lo que pidiereis al Padre en mi nombre, él os lo dé.

Juan 15:15,16

Pero si andamos en luz, como él está en luz, tenemos comunión unos con otros, y la sangre de Jesucristo su Hijo nos limpia de todo pecado.

1 Juan 1:7

Porque los montes se moverán, y los collados temblarán, pero no se apartará de ti mi misericordia, ni el pacto de mi paz se quebrantará, dijo Jehová, el que tiene misericordia de ti.

Isaías 54:10

He aquí, yo estoy a la puerta y llamo; si alguno oye mi voz y abre la puerta, entraré a él, y cenaré con él, y él conmigo.

Apocalipsis 3:20

Acercaos a Dios, y él se acercará a vosotros. Pecadores, limpiad las manos; y vosotros los de doble ánimo, purificad vuestros corazones.

Santiago 4:8

Aunque mi padre y mi madre me dejaran, con todo, Jehová me recogerá.

Salmo 27:10

Este es mi mandamiento: Que os améis unos a otros, como yo os he amado.

Nadie tiene mayor amor que éste, que uno ponga su vida por sus amigos.

Vosotros sois mis amigos, si hacéis lo que yo os mando.

Juan 15:12-14

Fiel es Dios, por el cual fuisteis llamados a la comunión con su Hijo Jesucristo nuestro Señor.

1 Corintios 1:9

Lo que hemos visto y oído, eso os anunciamos, para que también vosotros tengáis comunión con nosotros; y nuestra comunión verdaderamente es con el Padre, y con su Hijo Jesucristo.

1 Juan 1:3

No os dejaré huérfanos; vendré a vosotros.

Juan 14:18

Hermano

Porque todo aquel que hace la voluntad de mi Padre que está en los cielos, ése es mi hermano, y hermana, y madre.

Mateo 12:50

Porque el que santifica y los que son santificados, de uno son todos; por lo cual no se avergüenza de llamarlos hermanos.

Hebreos 2:11

Porque a los que antes conoció, también los predestinó para que fuesen hechos conforme a la imagen de su Hijo, para que él sea el primogénito entre muchos hermanos.

Romanos 8:29

Pues todos sois hijos de Dios por la fe en Cristo Jesús.

Gálatas 3:26

Mas a todos los que le recibieron, a los que creen en su nombre, les dio potestad de ser hechos hijos de Dios.

Juan 1:12

Así que ya no sois extranjeros ni advenedizos, sino conciudadanos de los santos, y miembros de la familia de Dios.

Efesios 2:19

Mirad cuál amor nos ha dado el Padre, para que seamos llamados hijos de Dios; por esto el mundo no nos conoce, porque no le conoció a él.

1 Juan 3:1

Y por cuanto sois hijos, Dios envió a vuestros corazones el Espíritu de su Hijo, el cual clama: ¡Abba, Padre!

Así que ya no eres esclavo, sino hijo; y si hijo, también heredero de Dios por medio de Cristo.

Gálatas 4:6,7

Porque todos los que son guiados por el Espíritu de Dios, éstos son hijos de Dios.

Romanos 8:14

Amados, ahora somos hijos de Dios, y aún no se ha manifestado lo que hemos de ser; pero sabemos que cuando él se manifieste, seremos semejantes a él, porque le veremos tal como él es.

1 Juan 3:2

Guardián

Cuando pases por las aguas, yo estaré contigo; y si por los ríos, no te anegarán. Cuando pases por el fuego, no te quemarás, ni la llama arderá en ti.

Isaías 43:2

Mas tú, Jehová, eres escudo alrededor de mí; mi gloria, y el que levanta mi cabeza.

Salmo 3:3

Porque los ojos de Jehová contemplan toda la tierra, para mostrar su poder a favor de los que tienen corazón perfecto para con él.

2 Crónicas 16:9a

Jehová vuestro Dios, el cual va delante de vosotros; él peleará por vosotros, conforme a todas las cosas que hizo por vosotros en Egipto delante de vuestros ojos.

Deuteronomio 1:30

Pero fiel es el Señor, que os afirmará y guardará del mal.

2 Tesalonicenses 3:3

Pero si en verdad oyeres su voz e hicieres todo lo que yo te dijere, seré enemigo de tus enemigos, y afligiré a los que te afligieren.

Exodo 23:22

El guarda los pies de sus santos, mas los impíos perecen en tinieblas; porque nadie será fuerte por su propia fuerza.

1 Samuel 2:9

Porque tú has sido mi refugio, y torre fuerte delante del enemigo.

Salmo 61:3

Jehová está en medio de ti, poderoso, él salvará; se gozará sobre ti con alegría, callará de amor, se regocijará sobre ti con cánticos.

Sofonías 3:17

Porque los ojos del Señor están sobre los justos, y sus oídos atentos a sus oraciones; pero el rostro del Señor está contra aquellos que hacen el mal.

¿Y quién es aquél que os podrá hacer daño, si vosotros seguís el bien?

1 Pedro 3:12,13

De no haber temido la provocación del enemigo, no sea que se envanezcan sus adversarios, no sea que digan: Nuestra mano poderosa ha hecho todo esto, y no Jehová.

Deuteronomio 33:27

Caerán a tu lado mil, y diez mil a tu diestra; mas a ti no llegará.

Salmo 91:7

Y temerán desde el occidente el nombre de Jehová, y desde el nacimiento del sol su gloria; porque vendrá el enemigo como río, mas el Espíritu de Jehová levantará bandera contra él.

Isaías 59:19

Seguridad

Bendito el Dios y Padre de nuestro Señor Jesucristo, que según su grande misericordia nos hizo renacer para una esperanza viva, por la resurrección de Jesucristo de los muertos,

Para una herencia incorruptible, incontaminada e inmarcesible, reservada en los cielos para vosotros,

Que sois guardados por el poder de Dios mediante la fe, para alcanzar la salvación que está preparada para ser manifestada en el tiempo postrero.

1 Pedro 1:3-5

Mis ovejas oyen mi voz, y yo las conozco, y me siguen,

Y yo les doy vida eterna; y no perecerán jamás, ni nadie las arrebatará de mi mano.

Mi Padre que me las dio, es mayor que todos, y nadie las puede arrebatar de la mano de mi Padre.

Juan 10:27-29

Por lo cual estoy seguro de que la muerte, ni la vida, ni ángeles, ni principados, ni potestades, ni lo presente, ni lo por venir,

Ni lo alto, ni lo profundo, ni ninguna otra cosa creada nos podrá separar del amor de Dios, que es en Cristo Jesús Señor nuestro.

Romanos 8:38,39

Estando persuadido de esto, que el que comenzó en vosotros la buena obra, la perfeccionará hasta el día de Jesucristo.

Filipenses 1:6

Pero fiel es el Señor, que os afirmará y guardará del mal.

2 Tesalonisenses 3:3

Todo lo que el Padre me da, vendrá a mí y al que a mí viene, no le echo fuera.

Juan 6:37

Y a aquel que es poderoso para guardaros sin caída, y presentaros sin mancha delante de su gloria con gran alegría,
Al único y sabio Dios, nuestro Salvador, sea gloria y majestad, imperio y potencia, ahora y por todos los siglos. Amén.

Judas 24,25

Levantad en alto vuestros ojos, y mirad quién creó estas cosas; él saca y cuenta su ejército; a todas llama por sus nombres; ninguna faltará; tal es la grandeza de su fuerza, y el poder de su dominio.

Isaías 40:26

Ciertamente el bien y la misericordia me seguirán todos los días de mi vida, y en la casa de Jehová moraré por largos días.

Salmo 23:6

Trabajad, no por la comida que perece, sino por la comida que a vida eterna permanece, la cual el Hijo del Hombre os dará; porque a éste señaló Dios el Padre.

Juan 6:27

El cual también nos ha sellado, y nos ha dado las arras del Espíritu en nuestros corazones.

2 Corintios 1:22

En él también vosotros, habiendo oído la palabra de verdad, el evangelio de vuestra salvación, y habiendo creído en él, fuisteis sellados con el Espíritu Santo de la promesa.

Efesios 1:13

Y no contristéis al Espíritu Santo de Dios, con el cual fuisteis sellados para el día de la redención.

Efesios 4:30

Pero deseamos que cada uno de vosotros muestre la misma solicitud hasta el fin, para plena certeza de la esperanza,

A fin de que no os hagáis perezosos, sino imitadores de aquellos que por la fe y la paciencia heredan las promesas.

Para que por dos cosas inmutables, en las cuales es imposible que Dios mienta, tengamos un fortísimo consuelo los que hemos acudido para asirnos de la esperanza puesta delante de nosotros.

La cual tenemos como segura y firme ancla del alma, y que penetra hasta dentro del velo,

Donde Jesús entró por nosotros como precursor, hecho sumo sacerdote para siempre según el orden de Melquisedec.

Hebreos 6:11,12,18-20

CRISTO ES SU
Suficiencia

Y poderoso es Dios para hacer que abunde en vosotros toda gracia, a fin de que, teniendo siempre en todas las cosas todo lo suficiente, abundéis para toda buena obra.

2 Corintios 9:8

Mi Dios, pues, suplirá todo lo que os falta conforme a sus riquezas en gloria en Cristo Jesús.

Filipenses 4:19

Por tanto, os digo que todo lo que pidiéreis orando, creed que lo recibiréis, y os vendrá.

Marcos 11:24

No que seamos competentes por nosotros mismos para pensar algo como de nosotros mismos, sino que nuestra competencia proviene de Dios, .

2 Corintios 3:5

Todo lo puedo en Cristo que me fortalece.

Filipenses 4:13

Y cuál la supereminente grandeza de su poder para con nosotros los que creemos, según la operación del poder de su fuerza,

Efesios 1:19

Y me ha dicho: Bástate mi gracia; porque mi poder se perfecciona en la debilidad. Por tanto, de buena gana me gloriaré más bien en mis debilidades, para que repose sobre mí el poder de Cristo.

2 Corintios 12:9

Antes, en todas estas cosas somos más que vencedores por medio de aquel que nos amó,

Romanos 8:37

Bendito sea el Dios y Padre de nuestro Señor Jesucristo, que nos bendijo con toda bendición espiritual en los lugares celestiales en Cristo,

Efesios 1:3

Si permanecéis en mí, y mis palabras permanecen en vosotros, pedid todo lo que queréis, y os será hecho.

Juan 15:7

Y todo lo que pidiereis al Padre en mi nombre, lo haré, para que el Padre sea glorificado er el Hijo.

Juan 14:13

En aquel día no me preguntaréis nada. De cierto, de cierto os digo, que todo cuanto pidiereis al Padre en mi nombre, os lo dará.

Hasta ahora nada habéis pedido en que vuestro gozo sea cumplido.

Juan 16:23,24

Y todo lo que pidiereis en oración, creyendo, lo recibiréis.

Mateo 21:22

El que no escatimó ni a su propio Hijo, sino que lo entregó por todos nosotros, ¿cómo no nos dará también con él todas las cosas?

Romanos 8:32

Como todas las cosas que pertenecen a la vida y a la piedad nos han sido dadas por su divino poder, mediante el conocimiento de aquel que nos llamó por su gloria y excelencia,

Por medio de las cuales nos ha dado preciosas y grandísimas promesas, para que por ellas llegaseis a ser participantes de la naturaleza divina, habiendo huido de la corrupción que hay en el mundo a causa de la concupiscencia;

2 Pedro 1:3,4

Bendice, alma mía, a Jehová, y no olvides ninguno de sus beneficios.

El es quien perdona todas tus iniquidades, el que sana todas tus dolencias;

El que rescata del hoyo tu vida, el que te corona de favores y misericordias;

Salmo 103:2-4

Completa Saciedad

Bienaventurados los que tienen hambre y sed de justicia, porque ellos serán saciados.

Mateo 5:6

Deléitate asimismo en Jehová y él te concederá las peticiones de tu corazón.

Salmo 37:4

Porque sacia al alma menesterosa, y llena de bien al alma hambrienta.

Salmo 107:9

El que sacia de bien tu boca de modo que te rejuvenezcas como el águila.

Salmo 103:5

Comeréis hasta saciaros, y alabaréis el nombre de Jehová vuestro Dios, el cual hizo maravillas con vosotros; y nunca jamás será mi pueblo avergonzado.

Joel 2:26

Jesús les dijo: Yo soy el pan de vida; el que a mí viene, nunca tendrá hambre; y el que en mí cree, no tendrá sed jamás.

Juan 6:35

Comerán los humildes, y serán saciados; Alabarán a Jehová los que le buscan; vivirá vuestro corazón para siempre.

Salmo 22:26

Respondió Jesús y le dijo: Cualquiera que bebiere de esta agua, volverá a tener sed;

Mas el que bebiere del agua que yo le daré; no tendrá sed jamás; sino que el agua que yo le daré será en él una fuente de agua que salte para vida eterna.

Juan 4:13,14

Responderá Jehová, y dirá a su pueblo: He aquí yo os envío pan, mosto y aceite, y seréis saciados de ellos; y nunca más os pondré en oprobio entre las naciones.

Joel 2:19

Y si dieres tu pan al hambriento, y saciares al alma afligida, en las tinieblas nacerá tu luz, y tu oscuridad será como el mediodía.

Jehová te pastoreará siempre, y en las sequías saciará tu alma, y dará vigor a tus huesos; y serás como huerto de riego, y como manantial de aguas, cuyas aguas nunca faltan.

Isaías 58:10,11

Los ojos de todos esperan en ti, y tú les das su comida a su tiempo.

Abres tu mano, y colmas de bendición a todo ser viviente.

Salmo 145:15,16

¿Por qué gastáis el dinero en lo que no es pan, y vuestro trabajo en lo que no sacia? Oídme atentamente, y comed del bien, y se deleitará vuestra alma con grosura.

Isaías 55:2

Y el alma del sacerdote satisfaré con abundancia, y mi pueblo será saciado de mi bien, dice Jehová.

Jeremías 31:14

Como de meollo y de grosura será saciada mi alma, y con labios de júbilo te alabará mi boca,
Cuando me acuerde de ti en mi lecho, cuando medite en ti en las vigilias de la noche.

Salmo 63:5,6

El que no escatimó ni a su propio Hijo, sino que lo entregó por todos nosotros, ¿cómo no nos dará también con él todas las cosas?

Romanos 8:32

Todo

Mi Dios, pues, suplirá todo lo que os falta conforme a sus riquezas en gloria en Cristo Jesús.

Filipenses 4:19

Todo lo puedo en Cristo que me fortalece.

Filipenses 4:13

Antes, en todas estas cosas somos más que vencedores por medio de aquel que nos amó.

Romanos 8:37

Así que, ninguno se gloríe en los hombres; porque todo es vuestro:

Sea Pablo, sea Apolos, sea Cefas, sea el mundo, sea la vida, sea la muerta, sea lo presente, sea lo por venir, todo es vuestro,

Y vosotros de Cristo, y Cristo de Dios.

1 Corintios 3:21-23

Si permanecéis en mí, y mis palabras permanecen en vosotros, pedid todo lo que queréis, y os será hecho.

Juan 15:7

En aquel día no me preguntaréis nada. De cierto, de cierto os digo, que todo cuanto pidiereis al Padre en mi nombre, os lo dará.

Hasta ahora nada habéis pedido en mi nombre; pedid, y recibiréis, para que vuestro gozo sea cumplido.

Juan 16:23,24

Y todo lo que pidiereis en oración, creyendo, lo recibiréis.

Mateo 21:22

Por tanto, os digo que todo lo que pidiereis orando, creed que lo recibiréis, y os vendrá.

Marcos 11:24

Bendito sea el Dios y Padre de nuestro Señor Jesucristo, que nos bendijo con toda bendición espiritual en los lugares celestiales en Cristo,

Efesios 1:3

Y cualquiera cosa que pidiéremos la recibiremos de él, porque guardamos sus mandamientos, y hacemos las cosas que son agradables delante de él.

1 Juan 3:22

Al que no conoció pecado, por nosotros lo hizo pecado, para que nosotros fuésemos hechos justicia de Dios en él.

2 Corintios 5:21

Porque para mí el vivir es Cristo, y el morir es ganancia.

Filipenses 1:21

De modo que si alguno está en Cristo nueva criatura es; las cosas viejas pasaron; he aquí todas son hechas nuevas.

2 Corintios 5:17

Y a Aquel que es poderoso para hacer todas las cosas muchos más abundantemente de lo que pedimos o entendemos, según el poder que actúa en nosotros,
A él sea gloria en la iglesia en Cristo Jesús por todas las edades, por los siglos de los siglos. Amén.

Efesios 3:20,21

Y poderoso es Dios para hacer que abunde en vosotros toda gracia, a fin de que, teniendo siempre en todas las cosas todo lo suficiente, abundéis para toda buena obra;

2 Corintios 9:8

Bendito el Señor; cada día nos colma de beneficios el Dios de nuestra salvación. *Selah*

Salmo 68:19

La Biblia Es Su...

LA BIBLIA ES SU

Autoridad Infalible

Toda la Escritura es inspirada por Dios, y útil para enseñar, para redargüir, para corregir, para instruir en justicia,

2 Timoteo 3:16

Entendiendo primero esto, que ninguna profecía de la Escritura es de interpretación privada,

Porque nunca la profecía fue traída por voluntad humana, sino que los santos hombres de Dios hablaron siendo inspirados por el Espíritu Santo.

2 Pedro 1:20,21

Porque la palabra de Dios es viva y eficaz, y más cortante que toda espada de dos filos; y penetra hasta partir el alma y el espíritu, las coyunturas y los tuétanos, y discierne los pensamientos y las intenciones del corazón.

Hebreos 4:12

Porque como desciende de los cielos la lluvia y la nieve, y no vuelve allá, sino que riega la tierra, y la hace germinar y producir, y da semilla al que siembra, y pan al que come,

Así será mi palabra que sale de mi boca; no volverá a mí vacía, sino que hará lo que yo quiero, y será prosperada en aquello para que la envié.

Isaías 55:10,11

Escudriñad las Escrituras; porque a vosotros os parece que en ellas tenéis la vida eterna; y ellas son las que dan testimonio de mí;

Juan 5:39

Siendo renacidos, no de simiente corruptible, sino de incorruptible, por la palabra de Dios que vive y permanece para siempre.

1 Pedro 1:23

Porque él dijo, y fue hecho; el mandó, y existió.

Salmo 33:9

Toda palabra de Dios es limpia; él es escudo a los que en él esperan.

Proverbios 30:5

Para siempre, oh Jehová, permanece tu palabra en los cielos.

Salmo 119:89

Por la palabra de Jehová fueron hechos los cielos, y todo el ejército de ellos por el aliento de su boca.

Salmo 33:6

Porque todas las promesas de Dios son en él Sí, y en él Amén, por medio de nosotros, para la gloria de Dios.

2 Corintios 1:20

Porque: Toda carne es como hierba, y toda la gloria del hombre como flor de la hierba. La hierba se seca, y la flor se cae;

Mas la palabra del Señor permanece para siempre. Y esta es la palabra que por el evangelio os ha sido anunciada.

1 Pedro 1:24,25

El cielo y la tierra pasarán, pero mis palabras no pasarán.

Marcos 13:31

Testamento

Y ahora, hermanos, os encomiendo a Dios, y a la palabra de su gracia, la cual es poderosa para sobreedificaros y daros herencia con todos los santificados.

Hechos 20:32

Para que abras sus ojos, para que se conviertan de las tinieblas a la luz, y de la potestad de Satanás a Dios; para que reciban, por la fe que es en mí, perdón de pecados y herencia entre los santificados.

Hechos 26:18

El Espíritu mismo da testimonio a nuestro espíritu, de que somos hijos de Dios.

Y si hijos, también herederos; herederos de Dios y coherederos con Cristo, si es que padecemos juntamente con él, para que juntamente con él seamos glorificados.

Romanos 8:16,17

En él asimismo tuvimos herencia, habiendo sido predestinados conforme al propósito del que hace todas las cosas según el designio de su voluntad,

A fin de que seamos para alabanza de su gloria, nosotros los que primeramente esperábamos en Cristo.

En él también vosotros, habiendo oído la palabra de verdad, el evangelio de vuestra salvación, y habiendo creído en él, fuisteis sellados con el Espíritu Santo de la promesa,

Que es las arras de nuestra herencia hasta la redención de la posesión adquirida, para alabanza de su gloria.

Efesios 1:11-14

Y si vosotros sois de Cristo, ciertamente linaje de Abraham sois, y herederos según la promesa.

Gálatas 3:29

Que los gentiles son coherederos y miembros del mismo cuerpo, y copartícipes de la promesa en Cristo Jesús por medio del evangelio,

Efesios 3:6

En la casa de mi Padre muchas moradas hay; si así no fuera, yo os lo hubiera dicho; voy, pues, a preparar lugar para vosotros.

Y si me fuere y os preparare lugar, vendré otra vez, y os tomaré a mí mismo, para que donde yo estoy, vosotros también estéis.

Juan 14:2,3

Pero anhelaban una mejor, esto es, celestial; por lo cual Dios no se avergüenza de llamarse Dios de ellos; porque les ha preparado una ciudad.

Hebreos 11:16

Entonces el Rey dirá a los de su derecha: Venid, benditos de mi Padre, heredad el reino preparado para vosotros desde la fundación del mundo.

Mateo 25:34

Porque todas las promesas de Dios son en él Sí, y en él Amén, por medio de nosotros, para la gloria de Dios.

2 Corintios 1:20

Bendito el Dios y Padre de nuestro Señor Jesucristo, que según su grande misericordia nos hizo renacer para una esperanza viva, por la resurrección de Jesucristo de los muertos,

Para una herencia incorruptible, incontaminada e inmarcesible, reservada en los cielos para vosotros,

1 Pedro 1:3,4

Antes bien, como está escrito: Cosas que ojo no vio, ni oído oyó, ni han subido en corazón de hombre, son las que Dios ha preparado para los que le aman.

1 Corintios 2:9

Por medio de las cuales nos ha dado preciosas y grandísimas promesas, para que por ellas llegaseis a ser participantes de la naturaleza divina, habiendo huido de la corrupción que hay en el mundo a causa de la concupiscencia;

2 Pedro 1:4

Y todo lo que hagáis, hacedlo de corazón como para el Señor y no para los hombres;

Sabiendo que del Señor recibiréis la recompensa de la herencia, porque a Cristo el Señor servís.

Colosenses 3:23,24

Espera en Jehová, y guarda su camino, y él te exaltará para heredar la tierra; cuando sean destruidos los pecadores, lo verás.

Salmo 37:34

Guía en la Vida

Lámpara es a mis pies tu palabra, y lumbrera a mi camino.

Salmo 119:105

Te guiarán cuando andes; cuando duermas te guardarán; hablarán contigo cuando despiertes.
Porque el mandamiento es lámpara, y la enseñanza es luz, y camino de vida las represiones que te instruyen,

Proverbios 6:22,23

En mi corazón he guardado tus dichos, para no pecar contra ti.

Salmo 119:11

Tu siervo es además amonestado con ellos; en guardarlos hay grande galardón.

Salmo 19:11

¿Con qué limpiará el joven su camino? Con guardar tu palabra.

Salmo 119:9

Dijo entonces Jesús a los judíos que habían creído en él; si vosotros permaneciereis en mi palabra, seréis verdaderamente mis discípulos;
Y conoceréis la verdad, y la verdad os hará libres.

Juan 8:31,32

Pues tus testimonios son mis delicias y mis consejeros.

Salmo 119:24

Por medio de las cuales nos ha dado preciosas y grandísimas promesas, para que por ellas llegaseis a ser participantes de la naturaleza divina, habiendo huido de la corrupción que hay en el mundo a causa de la concupiscencia;

2 Pedro 1:4

Por Jehová son ordenados los pasos del hombre, y él aprueba su camino.

Salmo 37:23

Te haré entender, y te enseñaré el camino en que debes andar; sobre ti fijaré mis ojos.

Salmo 32:8

Confortará mi alma; me guiará por sendas de justicia por amor de su nombre.

Salmo 23:3

Entonces tus oídos oirán a tus espaldas palabra que diga: Este es el camino, andad por él; y no echéis a la mano derecha, ni tampoco torzáis a la mano izquierda.

Isaías 30:21

Como habló por boca de sus santos profetas que fueron desde el principio;

Para dar luz a los que habitan en tinieblas y en sombra de muerte; para encaminar nuestros pies por camino de paz.

Lucas 1:70,79

Nunca se apartará de tu boca este libro de la ley, sino que de día y de noche meditarás en él, para que guardes y hagas conforme a todo lo que en él está escrito; porque entonces harás prosperar tu camino, y todo te saldrá bien.

Josué 1:8

En mi primera defensa ninguno estuvo a mi lado, sino que todos me desampararon; no les sea tomado en cuenta.

Pero el Señor estuvo a mi lado, y me dio fuerzas, para que por mí fuese cumplida la predicación, y que todos los gentiles oyesen. Así fuí librado de la boca del león.

2 Timoteo 3:16,17

Estabilizador

Siendo renacidos, no de simiente corruptible, sino de incorruptible, por la palabra de Dios que vive y permanece para siempre.

Porque: toda carne es como hierba, y toda la gloria del hombre como flor de la hierba. La hierba se seca, y la flor se cae;

Mas la palabra del Señor permanece para siempre. Y esta es la palabra que por el evangelio os ha sido anunciada.

1 Pedro 1:23-25

El cielo y la tierra pasarán, pero mis palabras no pasarán.

Mateo 24:25

Para siempre, oh Jehová, permanece tu palabra en los cielos.

Salmo 119:89

Sécase la hierba, marchítase la flor; mas la palabra del Dios nuestro permanece para siempre.

Isaías 40:8

Porque de cierto os digo que hasta que pasen el cielo y la tierra, ni una jota ni un tilde pasará de la ley, hasta que todo se haya cumplido.

Mateo 5:18

Bendito sea Jehová, que ha dado paz a su pueblo Israel, conforme a todo lo que él había dicho; ninguna palabra de todas sus promesas que expresó por Moisés su siervo, ha faltado.

1 Reyes 8:56

Porque yo Jehová hablaré, y se cumplirá la palabra que yo hable; no se tardará más, sino que en vuestros días, oh casa rebelde, hablaré palabra y la cumpliré, dice Jehová el Señor.

Ezequiel 12:25

Hijo mío, está atento a mis palabras; inclina tu oído a mis razones.
No se aparten de tus ojos; guárdalas en medio de tu corazón;
Porque son vida a los que las hallan, y medicina a todo su cuerpo.

Proverbios 4:20-22

¿Qué, pues, diremos a esto? Si Dios es por nosotros, ¿quién contra nosotros?

Romanos 8:31

El eterno Dios es tu refugio, y acá abajo los brazos eternos; el echó de delante de ti al enemigo, y dijo: Destruye.

Deuteronomio 33:27

Y me hizo sacar del pozo de la desesperación, del lodo cenagoso; puso mis pies sobre peña, y enderezó mis pasos.

Salmo 40:2

Dios es nuestro amparo y fortaleza, nuestro pronto auxilio en las tribulaciones.

Salmo 46:1

Torre fuerte es el nombre de Jehová; a él correrá el justo, y será levantado.

Proverbios 18:10

Pero fiel es el Señor, que os afirmará y guardará del mal.

2 Tesalonicenses 3:3

Y a aquel que es poderoso para guardaros sin caída, y presentaros sin mancha delante de su gloria con gran alergría,

Al único y sabio Dios, nuestro Salvador, sea gloria y majestad, imperio y potencia, ahora y por todos los siglos. Amén.

Judas 24,25

Fortaleza

Y me dijo: Muy amado, no temas; la paz sea contigo; esfuérzate y aliéntate. Y mientras él me hablaba, recobré las fuerzas, y dije: Hable mi señor, porque me has fortalecido.

Daniel 10:19

Se deshace mi alma de ansiedad. Susténtame según tu palabra.

Salmo 119:28

Porque así dijo Jehová el Señor, el Santo de Israel: En descanso y en reposo seréis salvos; en quietud y en confianza será vuestra fortaleza. Y no quisisteis,

Isaías 30:15

Para que os dé, conforme a las riquezas de su gloria, el ser fortalecidos con poder en el hombre interior por su Espíritu;

Para que habite Cristo por la fe en vuestros corazones, a fin de que, arraigados y cimentados en amor,

Efesios 3:16,17

Para que andéis como es digno del Señor, agradándole en todo, llevando fruto en toda buena obra, y creciendo en el conocimiento de Dios;

Fortalecidos con todo poder, conforme a la potencia de su gloria, para toda paciencia y longanimidad;

Con gozo dando gracias al Padre que nos hizo aptos para participar de la herencia de los santos en luz;

Colosenses 1:10-12

Pero los que esperan a Jehová tendrán nuevas fuerzas; levantarán alas como las águilas; correrán, y no se cansarán; caminarán, y no se fatigarán.

Isaías 40:31

Luego les dijo: Id, comed grosuras, y bebed vino dulce, y enviad porciones a los que no tienen nada preparado; porque día santo es a nuestro Señor; no os entristezcáis, porque el gozo de Jehová es vuestra fuerza.

Nehemías 8:10

Todo lo puedo en Cristo que me fortalece.

Filipenses 4:13

No temas, porque yo estoy contigo; no desmayes, porque yo soy tu Dios que te esfuerzo; siempre te ayudaré, siempre te sustentaré con la diestra de mi justicia.

Isaías 41:10

Conmigo está el consejo y el buen juicio; yo soy la inteligencia; mío es el poder.

Proverbios 8:14

El da esfuerzo al cansado, y multiplica las fuerzas al que no tiene ningunas.

Isaías 40:29

Jehová, roca mía y castillo mío, y mi libertador; Dios mío, fortaleza mía, en él confiaré; mi escudo, y la fuerza de mi salvación, mi alto refugio.

Salmo 18:2

Por tanto, tomad toda la armadura de Dios, para que podáis resistir en el día malo, y habiendo acabado todo, estar firmes.

Efesios 6:13

Jehová es mi luz y mi salvación; ¿de quién temeré? Jehová es la fortaleza de mi vida; ¿de quién he de atemorizarme?

Salmo 27:1

Por lo demás, hermanos míos, fortaleceos en el Señor, y en el poder de su fuerza.

Efesios 6:10

Qué Hacer Cuando Se Siente...

Desanimado

¡Ay de los que se levantan de manaña para seguir la embriaguez; que se están hasta la noche, hasta que el vino los enciende!

Isaías 5:11

En lo cual vosotros os alegráis, aunque ahora por un poco de tiempo, si es necesario, tengáis que ser afligidos en diversas pruebas,

Para que sometida a prueba vuestra fe, mucho más preciosa que el oro, el cual aunque perecedero se prueba con fuego, sea hallada en alabanza, gloria y honra cuando sea manifestado Jesucristo,

A quien amáis sin haberle visto, en quien creyendo, aunque ahora no lo veáis, os alegráis con gozo inefable y glorioso;

Obteniendo el fin de vuestra fe, que es la salvación de vuestras almas.

1 Pedro 1:6-9

Por nada estéis afanosos, sino sean conocidas vuestras peticiones delante de Dios en toda oración y ruego, con acción de gracias.

Y la paz de Dios, que sobrepasa todo entendimiento, guardará vuestros corazones y vuestros pensamientos en Cristo Jesús.

Por lo demás, hermanos, todo lo que es verdadero, todo lo honesto, todo lo justo, todo lo puro, todo lo amable, todo lo que es de buen nombre; si hay virtud alguna, si algo digno de alabanza, en esto pensad.

Filipenses 4:6-8

Si anduviere yo en medio de la angustia, tu me vivificarás; contra la ira de mis enemigos extenderás tu mano, y me salvará tu diestra.

Salmo 138:7

No se turbe vuestro corazón; creéis en Dios, creed también en mí.

Juan 14:1

La paz os dejo, mi paz os doy; yo no os la doy como el mundo la da. No se turbe vuestro corazón, ni tenga miedo.

Juan 14:27

Que estamos atribulados en todo mas no angustiados; en apuros, mas no desesperados;
Perseguidos, mas no desamparados; derribados, pero no destruidos;

2 Corintios 4:8-9

No perdáis, pues, vuestra confianza, que tiene grande galardón;
Porque os es necesaria la paciencia, para que habiendo hecho la voluntad de Dios, obtengáis la promesa.

Hebreos 10:35,36

Estando persuadido de esto, que el que comenzó en vosotros la buena obra, la perfeccionará hasta el día de Jesucristo;

Filipenses 1:6

No nos cansemos, pues, de hacer bien; porque a su tiempo segaremos, si no desmayamos.

Gálatas 6:9

Esforzaos todos vosotros los que esperáis en Jehová, y tome aliento vuestro corazón.

Salmo 31:24

Jehová es mi luz y mi salvación; ¿de quién temeré? Jehová es la fortaleza de mi vida; ¿de quién he de atemorizarme?

Cuando se juntaron contra mí los malignos, mis angustiadores y mis enemigos, para comer mis carnes, ellos tropezaron y cayeron.

Aunque un ejército acampe contra mi, no temerá mi corazón; aunque contra mí se levante guerra, yo estaré confiado.

Una cosa he demandado a Jehová, ésta buscaré; que esté yo en la casa de Jehová todos los días de mi vida, para contemplar la hermosura de Jehová, y para inquirir en su templo.

Porque él me esconderá en su tabernáculo en el día del mal; me ocultará en lo reservado de su morada; sobre una roca me pondrá en alto.

Luego levantará mi cabeza sobre mis enemigos que me rodean, y yo sacrificaré en su tabernáculo sacrificios de júbilo: cantaré y entonaré alabanzas a Jehová.

Oye, oh Jehová, mi voz con que a ti clamo; ten misericordia de mí, y respóndeme.

Mi corazón ha dicho de ti: Buscad mi rostro. Tu rostro buscaré, oh Jehová;

No escondas tu rostro de mí. No apartes con ira a tu siervo; mi ayuda has sido, no me dejes ni me desampares, Dios de mi salvación.

Aunque mi padre y mi madre me dejaran, con todo, Jehová me recogerá.

Enséñame, oh Jehová, tu camino y guíame por senda de rectitud a causa de mis enemigos.

No me entregues a la voluntad de mis enemigos; porque se han levantado contra mí testigos falsos, y los que respiran crueldad.

Hubiera yo desmayado, si no creyese que veré la bondad de Jehová en la tierra de los vivientes.

Aguarda a Jehová; esfuérzate, y aliéntese tu corazón; sí, espera a Jehová.

Salmo 27:1-14

Preocupado

Echando toda vuestra ansiedad sobre él, porque él tiene cuidado de vosotros.

1 Pedro 5:7

No se turbe vuestro corazón; creéis en Dios creed tambien en mí.

Juan 14:1

Por nada estéis afanosos, sino sean conocidas vuestras peticiones delante de Dios en toda oración y ruego, con acción de gracias.

Y la paz de Dios, que sobrepasa todo entendimiento, guardará vuestros corazones y vuestros pensamientos en Cristo Jesús.

Filipenses 4:6,7

Y la paz de Dios gobierne en vuestros corazones, a la que asimismo fuisteis llamados en un solo cuerpo; y sed agradecidos.

Colosenses 3:15

Tú guardarás en completa paz a aquel cuyo pensamiento en tí persevera; porque en ti ha confiado.

Isaías 26:3

En paz me acostaré, y asimismo dormiré; porque solo tú, Jehová, me haces vivir confiado.

Salmo 4:8

Mi Dios, pues, suplirá todo lo que os falta conforme a sus riquezas en gloria en Cristo Jesús.

Filipenses 4:19

Por tanto os digo; No os afanéis por vuestra vida, qué habéis de comer o qué habéis de beber; ni por vuestro cuerpo, qué habéis de vestir. ¿No es la vida más que el alimento, y el cuerpo más que el vestido?

Mirad las aves del cielo, que no siembran, ni siegan, ni recogen en graneros, y vuestro Padre celestial las alimenta. ¿No valéis vosotros mucho más que ellas?

¿Y quién de vosotros podrá, por mucho que se afane, añadir a su estatura un codo?

Y por el vestido, ¿por qué os afanáis? Considerad los lirios del campo, cómo crecen: no trabajan ni hilan;

Pero os digo, que ni aun Salomón con toda su gloria se vistió así como uno de ellos.

Y si la hierba del campo que hoy es, y mañana se echa en el horno, Dios la viste así, ¿no hará mucho más a vosotros, hombres de poca fe?

No os afanéis, pues, diciendo: ¿Qué comeremos, o qué beberemos, o qué vestiremos?

Porque los gentiles buscan todas estas cosas; pero vuestro Padre celestial sabe que tenéis necesidad de todas estas cosas.

Mas buscad primeramente el reino de Dios y su justicia, y todas estas cosas os serán añadidas.

Así que, no os afanéis por el día de mañana, porque el día de mañana traerá su afán. Basta a cada día su propio mal.

Mateo 6:25-34

Porque el ocuparse de la carne es muerte, pero el ocuparse del Espíritu es vida y paz.

Romanos 8:6

Cuando te acuestes, no tendrás temor, sino que te acostarás, y tu sueño será grato.

Proverbios 3:24

Pero los que hemos creído entramos en el reposo, de la manera que dijo: por tanto, juré en mi ira, no entrarán en mi reposo; aunque las obras suyas estaban acabadas desde la fundación del mundo.

Por tanto, queda un reposo para el pueblo de Dios.

Hebreos 4:3,9

Mucha paz tienen los que aman tu ley, y no hay para ellos tropiezo.

Salmo 119:165

El que habita al abrigo del Altísimo morará bajo la sombra del Omnipotente.

Diré yo a Jehová: Esperanza mía, y castillo mío; mi Dios, en quien confiaré.

Salmo 91:1,2

La paz os dejo, mi paz os doy; yo no os la doy como el mundo la da. No se turbe vuestro corazón, ni tenga miedo.

Juan 14:27

Solo

Sean vuestras costumbres sin avaricia, contentos con lo que tenéis ahora; porque él dijo: No te desampararé, ni te dejaré.

Hebreos 13:5

Enseñándoles que guarden todas las cosas que os he mandado; y he aquí yo estoy con vosotros todos los días, hasta el fin del mundo. Amén.

Mateo 28:20

Pues Jehová no desamparará a su pueblo, por su grande nombre; porque Jehová ha querido haceros pueblo suyo.

1 Samuel 12:22

No temas, porque yo estoy contigo; no desmayes, porque yo soy tu Dios que te esfuerzo; siempre te ayudaré, siempre te sustentaré con la diestra de mi justicia.

Isaías 41:10

No os dejaré huérfanos: vendré a vosotros.
Juan 14:18

No se turbe vuestro corazón: creéis en Dios, creed también en mí.

Juan 14:1

El eterno Dios es tu refugio, y acá abajo los brazos eternos; él echó de delante de ti al enemigo, y dijo: Destruye.

Deuteronomio 33:27

El sana a los quebrantados de corazón, y venda sus heridas.

Salmo 147:3

¿Quién nos separará del amor de Cristo? ¿Tribulación, o angustia, o persecución, o hambre, o desnudez, o peligro, o espada?

Como está escrito: Por causa de ti somos muertos todo el tiempo; somos contados como ovejas de matadero.

Antes, en todas estas cosas somos más que vencedores por medio de aquel que nos amó.

Por lo cual estoy seguro de que ni la muerte, ni la vida, ni ángeles, ni principados, ni potestades, ni lo presente, ni lo por venir,

Ni lo alto, ni lo profundo, ni ninguna otra cosa creada nos podrá separar del amor de Dios, que es en Cristo Jesús Señor nuestro.

Romanos 8:35-39

Porque Dios misericordioso es Jehová tu Dios; no te dejará, ni te destruirá, ni se olvidará del pacto que les juró a tus padres.

Deuteronomio 4:31

Esforzaos y cobrad ánimo; no temáis, ni tengáis miedo de ellos, porque Jehová tu Dios es el que va contigo; no te dejará, ni te desamparará.

Deuteronomio 31:6

Aunque mi padre y mi madre me dejaran, con todo, Jehová me recogerá.

Salmo 27:10

Porque los montes se moverán, y los collados temblarán, pero no se apartará de ti mi misericordia, ni el pacto de mi paz se quebrantará, dijo Jehová, el que tiene misericordia de ti,

Isaías 54:10

Echando toda vuestra ansiedad sobre él, porque él tiene cuidado de vosotros.

1 Pedro 5:7

Dios es nuestro amparo y fortaleza, nuestro pronto auxilio en las tribulaciones.

Salmo 46:1

Deprimido

Claman los justos, y Jehová oye, y los libra de todas sus angustias.

Salmo 34:17

Cuando pases por las aguas, yo estaré contigo; y si por los ríos, no te anegarán. Cuando pases por el fuego, no te quemarás, ni la llama arderá en ti.

Isaías 43:2

Porque un momento será su ira, pero su favor dura toda la vida. Por la noche durará el lloro, y a la mañana vendrá la alegría.

Salmo 30:5

Amados, no os sorprendáis del fuego de prueba que os ha sobrevenido, como si alguna cosa extraña os aconteciese,

Sino gozaos por cuanto sois participantes de los padecimientos de Cristo, para que también en la revelación de su gloria os gocéis con gran alegría.

I Pedro 4:12,13

El Espíritu de Jehová el Señor está sobre mí, porque ungió Jehová; me ha enviado a predicar buenas nuevas a los abatidos, a vendar a los quebrantados de corazón, a publicar libertad a los cautivos, y a los presos apertura de la cárcel.

Isaías 61:3

Pero los que esperan a Jehová tendrán nuevas fuerzas; levantarán alas como las águilas; correrán, y no se cansarán; caminarán, y no se fatigarán.

Isaías 40:31

Bendito sea el Dios y Padre de nuestro Señor Jesucristo, Padre de misericordias y Dios de toda consolación.

El cual nos consuela en todas nuestras tribulaciones, para que podamos también nosotros consolar a los que están en cualquier tribulación, por medio de la consolación con que nosotros somos consolados por Dios.

2 Corintios 1:3,4

Por lo cual estoy seguro de que ni la muerte, ni la vida, ni ángeles, ni principados, ni potestades, ni lo presente, ni lo por venir,

Ni lo alto, ni lo profundo, ni ninguna otra cosa creada nos podrá separar del amor de Dios, que es en Cristo Jesús Señor nuestro.

Romanos 8:38,39

Por lo demás, hermanos, todo lo que es verdadero, todo lo honesto, todo lo justo, todo lo puro, todo lo amable, todo lo que es de buen nombre; si hay virtud alguna, si algo digno de alabanza, en esto pensad.

Filipenses 4:8

El sana a los quebrantados de corazón, y venda sus heridas.

Salmo 147:3

No temas, porque yo estoy contigo; no desmayes, porque yo soy tu Dios que te esfuerzo; siempre te ayudaré, siempre te sustentaré con la diestra de mi justicia.

Isaías 41:10

Humillaos, pues, bajo la poderosa mano de Dios, para que él os exalte cuando fuere tiempo; Echando toda vuestra ansiedad sobre él, porque él tiene cuidado de vosotros.

1 Pedro 5:6,7

También les refirió Jesús una parábola sobre la necesidad de orar siempre, y no desmayar,

Lucas 18:1

Luego les dijo: Id, comed grosuras, y bebed vino dulce, y enviad porciones a los que no tienen nada preparado; porque día santo es a nuestro Señor; no os entristezcáis, porque el gozo de Jehová es vuestra fuerza.

Nehemías 8:10

Ciertamente volverán los redimidos de Jehová; volverán a Sion cantando, y gozo perpetuo habrá sobre sus cabezas; tendrán gozo y alegría, y el dolor y el gemido huirán.

Isaías 51:11

Insatisfecho

Los leoncillos necesitan, y tienen hambre; pero los que buscan a Jehová no tendrán falta de ningún bien.

Salmo 34:10

Porque yo derramaré aguas sobre el sequedal, y ríos sobre la tierra árida; mi Espíritu derramaré sobre tu generación, y mi bendición sobre tus renuevos;

Isaías 44:3

Confía en Jehová, y haz el bien; y habitarás en la tierra, y te apacentarás de la verdad.

Salmo 37:3

Sé vivir humildemente, y sé tener abundancia; en todo y por todo estoy enseñado, así para estar saciado como para tener hambre, así para tener abundancia como para padecer necesidad.

Todo lo puedo en Cristo que me fortalece.

Filipenses 4:12,13

Dios, Dios mío eres tú; de madrugada te buscaré; mi alma tiene sed de ti, mi carne te anhela, en tierra seca y árida donde no hay aguas,

Para ver tu poder y tu gloria, así como te he mirado en el santuario.

Porque mejor es tu misericordia que la vida; mis labios te alabarán.

Así te bendeciré en mi vida; en tu nombre alzaré mis manos;

Como de meollo y de grosura será saciada mi alma, y con labios de júbilo te alabará mi boca,

Salmo 63:1-5

El hombre será saciado de bien del fruto de su boca; y le será pagado según la obra de sus manos.

Proverbios 12:14

Y mi pueblo será saciado de mi bien, dice Jehová.

Jeremías 31:14b

Comeréis hasta saciaros, y alabaréis el nombre de Jehová vuestro Dios, el cual hizo maravillas con vosotros; y nunca jamás será mi pueblo avergonzado.

Joel 2:26

Bendice, alma mía, a Jehová, y bendiga todo mi ser su santo nombre.

Bendice, alma mía, a Jehová, y no olvides ninguno de sus beneficios.

El es quien perdona todas tus iniquidades, El que sana todas tus dolencias;

El que rescata del hoyo tu vida, el que te corona de favores y misericordias;

El que sacia de bien tu boca de modo que te rejuvenezcas como el águila.

Salmo 103:1-5

Porque sacia al alma menesterosa, y llena de bien al alma hambrienta.

Salmo 107:9

He aquí Dios es salvación mía; me aseguraré y no temeré; porque mi fortaleza y mi canción es JAH Jehová, quien ha sido salvación para mí.

Sacaréis con gozo aguas de las fuentes de la salvación.

Isaías 12:2,3

Y poderoso es Dios para hacer que abunde en vosotros toda gracia, a fin de que, teniendo siempre en todas las cosas todo lo suficiente, abundéis para toda buena obra;

2 Corintios 9:8

A todos los sedientos: Venid a las aguas, y los que no tienen dinero, venid, comprad y comed. Venid, comprad sin dinero y sin precio, vino y leche.

Isaías 55:1

Bienaventurados los que tienen hambre y sed de justicia, porque ellos serán saciados.

Mateo 5:6

Condenado

Ahora, pues, ninguna condenación hay para los que están en Cristo Jesús, los que no andan conforme a la carne, sino conforme al Espíritu.

Romanos 8:1

No ha hecho con nosotros conforme a nuestras iniquidades, ni nos ha pagado conforme a nuestros pecados.

Cuanto está lejos el oriente del occidente, hizo alejar de nosotros nuestras rebeliones.

Salmo 103:10,12

De modo que si alguno está en Cristo, nueva criatura es; las cosas viejas pasaron; he aquí todas son hechas nuevas.

2 Corintios 5:17

Porque no envió Dios a su Hijo al mundo para condenar al mundo, sino para que el mundo sea salvo por él.

El que en él cree, no es condenado; pero el que no cree, ya ha sido condenado, porque no ha creído en el nombre del unigénito Hijo de Dios.

Juan 3:17,18

De cierto, de cierto os digo: El que oye mi palabra, y cree al que me envió, tiene vida eterna; y no vendrá a condenación, mas ha pasado de muerte a vida.

Juan 5:24

Porque seré propicio a sus injusticias, y nunca más me acordaré de sus pecados y de sus iniquidades.

Hebreos 8:12

Yo, yo soy el que borro tus rebeliones por amor de mí mismo, y no me acordaré de tus pecados.

Isaías 43:25

Deje el impío su camino, y el hombre inicuo sus pensamientos, y vuélvase a Jehová, el cual tendrá de él misericordia, y al Dios nuestro, el cual será amplio en perdonar.

Isaías 55:7

Mi pecado te declaré, y no encubrí mi iniquidad. Dije: Confesaré mis transgresiones a Jehová; y tú perdonaste la maldad de mi pecado. Selah

Salmo 32:5

Si confesamos nuestros pecados, él es fiel y justo para perdonar nuestros pecados, y limpiarnos de toda maldad.

1 Juan 1:9

Bienaventurado aquel cuya transgresión ha sido perdonada, y cubierto su pecado.

Salmo 32:1

Entonces oí una gran voz en el cielo, que decía: Ahora ha venido la salvación, el poder, y el reino de nuestro Dios, y la autoridad de su Cristo; porque ha sido lanzado fuera el acusador de nuestros hermanos, el que los acusaba delante de nuestro Dios día y noche.

Y ellos le han vencido por medio de la sangre del Cordero y de la palabra del testimonio de ellos, y menospreciaron sus vidas hasta la muerte.

Apocalipsis 12:10,11

Enderezándose Jesús, y no viendo a nadie sino a la mujer, le dijo: Mujer, ¿dónde están los que te acusaban? ¿Ninguno te condenó?

Ella dijo; ninguno, Señor. Entonces Jesús le dijo; ni yo te condeno; vete, y no peques más.

Juan 8:10,11

Y no enseñará más ninguno a su prójimo, ni ninguno a su hermano, diciendo; Conoce a Jehová: porque todos me conocerán, desde el más pequeño de ellos hasta el más grande, dice Jehová; porque perdonaré la maldad de ellos, y no me acordaré más de su pecado.

Jeremías 31:34

Acerquémonos con corazón sincero, en plena certidumbre de fe , purificados los corazones de mala conciencia, y lavados los cuerpos con agua pura.

Hebreos 10:22

Porque si os volviereis a Jehová, vuestros hermanos y vuestros hijos hallarán misericordia delante de los que los tienen cautivos, y volverán a esta tierra; porque Jehová vuestro Dios es clemente y misericordioso, y no apartará de vosotros su rostro, si vosotros os volviereis a él.

2 Crónicas 30:9

Confuso

Pues Dios no es Dios de confusión sino de paz. Como en todas las iglesias de los santos.

1 Corintios 14:33

Porque no nos ha dado Dios espíritu de cobardía, sino de poder, de amor y de dominio propio.

2 Timoteo 1:7

Porque donde hay celos y contención, allí hay perturbación y toda obra perversa.

Pero la sabiduría que es de lo alto es primeramente pura, después pacífica, amable, benigna, llena de misericordia y de buenos frutos, sin incertidumbre ni hipocresía.

Y el fruto de justicia se siembra en paz para aquellos que hacen la paz.

Santiago 3:16-18

Porque Jehová el Señor me ayudará, por tanto no me avergoncé: por eso puse mi rostro como un pedernal, y sé que no seré avergonzado.

Isaías 50:7

Amados, no os sorprendáis del fuego de prueba que os ha sobrevenido, como si alguna cosa extraña os aconteciese,

Sino gozaos por cuanto sois participantes de los padecimientos de Cristo, para que también en la revelación de su gloria os gocéis con gran alegría.

1 Pedro 4:12,13

Y si alguno de vosotros tiene falta de sabiduría, pídala a Dios, el cual da a todos abundantemente y sin reproche, y le será dada.

Santiago 1:5

Fíate de Jehová de todo tu corazón, y no te apoyes en tu propia prudencia.

Reconócelo en todos tus caminos, y él enderezará tus veredas.

Proverbios 3:5,6

Te haré entender, y te enseñaré el camino en que debes andar; sobre ti fijaré mis ojos.

Salmo 32:8

Mucha paz tienen los que aman tu ley, y no hay para ellos tropiezo.

Salmo 119:165

Echa sobre Jehová tu carga, y él te sustentará; no dejará para siempre caído al justo.

Salmo 55:22

Cuando pases por las aguas, yo estaré contigo; y si por los ríos, no te anegarán. Cuando pases por el fuego, no te quemarás, ní la llama arderá en ti.

Isaías 43:2

El da esfuerzo al cansado, y multiplica las fuerzas al que no tiene ningunas.

Isaías 40:29

Entonces tus oídos oirán a tus espaldas palabra que diga: Este es el camino, andad por él; y no echéis a la mano derecha, ni tampoco torzáis a la mano izquierda.

Isaías 30:21

Por nada estéis afanosos, sino sean conocidas vuestras peticiones delante de Dios en toda oración y ruego, con acción de gracias.

Y la paz de Dios, que sobrepasa todo entendimiento, guardará vuestros corazones y vuestros pensamientos en Cristo Jesús.

Filipenses 4:6,7

Tentado

Así que, el que piensa estar firme, mire que no caiga.

No os ha sobrevenido ninguna tentación que no sea humana; pero fiel es Dios, que no os dejará ser tentados más de lo que podéis resistir, sino que dará también juntamente con la tentación la salida, para que podáis soportar.

1 Corintios 10:12,13

Por tanto, teniendo un gran sumo sacerdote que traspasó los cielos, Jesús el Hijo de Dios, retengamos nuestra profesión.

Porque no tenemos un sumo sacerdote que no pueda compadecerse de nuestras debilidades, sino uno que fue tentado en todo según nuestra semejanza, pero sin pecado.

Acerquémonos, pues, confiadamente al trono de la gracia, para alcanzar misericordia y hallar gracia para el oportuno socorro.

Hebreos 4:14-16

Pues en cuanto él mismo padeció siendo tentado, es poderoso para socorrer a los que son tentados.

Hebreos 2:18

Sabe el Señor librar de tentación a los piadosos,

2 Pedro 2:9a

Porque el pecado no se enseñoreará de vosotros; pues no estáis bajo la ley, sino bajo la gracia.

Romanos 6:14

En mi corazón he guardado tus dichos, para no pecar contra ti.

Salmo 119:11

Cuando alguno es tentado, no diga que es tentado de parte de Dios; porque Dios no puede ser tentado por el mal, ni él tienta a nadie;
Sino que cada uno es tentado, cuando de su propia concupiscencia es atraído y seducido.

Santiago 1:13,14

El que encubre sus pecados no prosperará; mas el que los confiesa y se aparta alcanzará misericordia.

Proverbios 28:13

Si confesamos nuestros pecados, él es fiel y justo para perdonar nuestros pecados, y limpiarnos de toda maldad.

1 Juan 1:9

Sed sobrios, y velad; porque vuestro adversario el diablo, como león rugiente, anda alrededor buscando a quien devorar;

Al cual resistid firmes en la fe, sabiendo que los mismos padecimientos se van cumpliendo en vuestros hermanos en todo el mundo.

1 Pedro 5:8,9

Por lo demás, hermanos míos, fortaleceos en el Señor, y en el poder de su fuerza.

Vestíos de toda la armadura de Dios, para que podáis estar firmes contra las asechanzas del diablo.

Sobre todo, tomad el escudo de la fe, con que podáis apagar todos los dardos de fuego del maligno.

Efesios 6:10,11,16

Someteos, pues, a Dios; resistid al diablo, y huirá de vosotros.

Santiago 4:7

Hijitos, vosotros sois de Dios, y los habéis vencido; porque mayor es el que está en vosotros, que el que está en el mundo.

1 Juan 4:4

Hermanos míos, tened por sumo gozo cuando os halléis en diversas pruebas,

Sabiendo que la prueba de vuestra fe produce paciencia.

Bienaventurado el varón que soporta la tentación; porque cuando haya resistido la prueba, recibirá la corona de vida, que Dios ha prometido a los que le aman.

Santiago 1:2,3,12

Y a aquel que es poderoso para guardaros sin caída, y presentaros sin mancha delante de su gloria con gran alegría.

Al único y sabio Dios, nuestro Salvador, sea gloria y majestad,

Judas 24,25a

En lo cual vosotros os alegráis, aunque ahora por un poco de tiempo, si es nucesario, tengáis que ser afligidos en diversas pruebas,

Para que sometida a prueba vuestra fe, mucho más preciosa que el oro, el cual aunque perecedero se prueba con fuego, sea hallada en alabanza, gloria y honra cuando sea manifestado Jesucristo.

1 Pedro 1:6,7

Enojado

Por esto, mis amados hermanos todo hombre sea pronto para oir, tardo para hablar, tardo para airarse;

Porque la ira del hombre no obra la justicia de Dios.

Santiago 1:19,20

Airaos, pero no pequéis; no se ponga el sol sobre vuestro enojo,

Efesios 4:26

La blanda respuesta quita la ira; mas la palabra áspera hace subir el furor.

Proverbios 15:1

Porque si perdonáis a los hombres sus ofensas, os perdonará también a vosotros vuestro Padre celestial;

Mateo 6:14

El que tarda en airarse es grande de entendimiento; mas el que es impaciente de espíritu enaltece la necedad.

Proverbios 14:29

Mejor es el que tarda en airarse que el fuerte; y el que se enseñorea de su espíritu, que el que toma una ciudad.

Proverbios 16:32

No te apresures en tu espíritu a enojarte;
porque el enojo reposa en el seno de los necios.

Eclesiastés 7:9

No os venguéis vosotros mismos, amados
míos, sino dejad lugar a la ira de Dios; porque
escrito está: Mía es la venganza, yo pagaré, dice
el Señor.

Romanos 12:19

Si el que te aborrece tuviere hambre, dale
de comer pan, y si tuviere sed, dale de beber agua;
Porque ascuas amontonarás sobre su
cabeza, y Jehová te lo pagará.

Proverbios 25:21,22

Pues conocemos al que dijo: Mía es la
venganza, yo daré el pago, dice el Señor. Y otra
vez: El Señor juzgará a su pueblo.

Hebreos 10:30

Quítense de vosotros toda amargura, enojo, ira, gritería y maledicencia, y toda malicia.
Antes sed benignos unos con otros,
misericordiosos, perdonándoos unos a otros, como
Dios también os perdonó a vosotros en Cristo.

Efesios 4:31,32

Pero yo os digo que cualquiera que se enoje contra su hermano, será culpable de juicio, y cualquiera que diga: Necio, a su hermano, será culpable ante el concilio; y cualquiera que le diga: Fatuo, quedará expuesto al infierno de fuego.

Por tanto, si traes tu ofrenda al altar y allí te acuerdas de que tu hermano tiene algo contra ti,

Deja allí tu ofrenda delante del altar, y anda, reconcíliate primero con tu hermano, y entonces ven y presenta tu ofrenda.

Mateo 5:22-24

El sabio teme y se aparta del mal; Mas el insensato se muestra insolente y confiado.

El que fácilmente se enoja hará locuras; y el hombre perverso será aborrecido.

Proverbios 14:16,17

Pero ahora dejad también vosotros todas estas cosas: ira, enojo, malicia, blasfemia, palabras deshonestas de vuestra boca.

Colosenses 3:8

Deja la ira, y desecha el enojo; no te excites en manera alguna a hacer lo malo.

Salmo 37:8

Rebelde

Obedeced a vuestros pastores, y sujetaos a ellos; porque ellos velan por vuestras almas, como quienes han de dar cuenta; para que lo hagan con alegría, y no quejándose, porque esto no os es provechoso.

Hebreos 13:17

El sabio teme y se aparta del mal; Mas el insensato se muestra insolente y confiado.

El que fácilmente se enoja hará locuras; y el hombre perverso será aborrecido.

Proverbios 14:16,17

Y Samuel dijo: ¿Se complace Jehová tanto en los holocaustos y víctimas, como en que se obedezca a las palabras de Jehová? Ciertamente el obedecer es mejor que los sacrificios, y el prestar atención que la grosura de los carneros.

Porque como pecado de adivinación es la rebelión, y como ídolos e idolatría la obstinación. Por cuanto tú desechaste la palabra de Jehová, él también te ha desechado para que no seas rey.

1 Samuel 15:22,23

Por tanto, ceñid los lomos de vuestro entendimiento, sed sobrios, y esperad por completo en la gracia que se os traerá cuando Jesucristo sea manifestado;

Como hijos obedientes, no os conforméis a los deseos que antes teníais estando en vuestra ignorancia;

1 Pedro 1:13,14

Si quisiereis y oyereis, comeréis el bien de la tierra;

Si no quisiereis y fuereis rebeldes, seréis consumidos a espada; porque la boca de Jehová lo ha dicho.

Isaías 1:19,20

Por causa del Señor someteos a toda institución humana, ya sea al rey, como a superior,

Ya a los gobernadores, como por él enviados para castigo de los malhechores y alabanza de los que hacen bien.

Porque esta es la voluntad de Dios: que haciendo bien, hagáis callar la ignorancia de los hombres insensatos;

1 Pedro 2:13-15

Haya, pues, en vosotros este sentir que hubo también en Cristo Jesús,

El cual, siendo en forma de Dios, no estimó el ser igual a Dios como cosa a que aferrarse,

Sino que se despojó a sí mismo, tomando forma de siervo, hecho semejante a los hombres;

Y estando en la condición de hombre, se humilló a sí mismo, haciéndose obediente hasta la muerte, y muerte de cruz.

Filipenses 2:5-8

Y aunque era Hijo, por lo que padeció aprendió la obediencia;

Hebreos 5:8

Igualmente, jóvenes, estad sujetos a los ancianos; y todos, sumisos unos a otros, revestíos de humildad; porque: Dios resiste a los soberbios, y da gracia a los humildes.

Humillaos, pues, bajo la poderosa mano de Dios, para que él os exalte cuando fuere tiempo;

1 Pedro 5:5,6

Someteos unos a otros en el temor de Dios.

Efesios 5:21

Ninguna adversidad acontecerá al justo; mas los impíos serán colmados de males.

Proverbios 12:21

No reine, pues, el pecado en vuestro cuerpo mortal, de modo que lo obedezcáis en sus concupiscencias;

Ni tampoco presentéis vuestros miembros al pecado como instrumentos de iniquidad, sino presentaos vosotros mismos a Dios como vivos de entre los muertos, y vuestros miembros a Dios como instrumentos de justicia.

Romanos 6:12,13

Esto pues, digo y requiero en el Señor: que ya no andéis como los otros gentiles, que andan en la vanidad de su mente,

Teniendo el entendimiento entenebrecido, ajenos de la vida de Dios por la ignorancia que en ellos hay, por la dureza de su corazón;

Efesios 4:17,18

Porque en otro tiempo erais tinieblas, mas ahora sois luz en el Señor; andad como hijos de luz.

Efesios 5:8

Someteos, pues, a Dios; resistid al diablo, y huirá de vosotros.

Santiago 4:7

Qué Hacer Cuando Usted Está...

Experimentando Temor

Porque no nos ha dado Dios espíritu de cobardía, sino de poder, de amor y de dominio propio.

2 Timoteo 1:7

Pues no habéis recibido el espíritu de esclavitud para estar otra vez en temor, sino que habéis recibido el espíritu de adopción, por el cual clamamos: ¡Abba, Padre!

Romanos 8:15

En el amor no hay temor, sino que el perfecto amor echa fuera el temor; porque el temor lleva en sí castigo. De donde el que teme, no ha sido perfeccionado en el amor.

1 Juan 4:18

Porque has puesto a Jehová, que es mi esperanza, al Altísimo por tu habitación,

Salmo 91:1

Con sus plumas te cubrirá, y debajo de sus alas estarás seguro; escudo y adarga es su verdad.

No temerás el terror nocturno, ni saeta que vuele de día.

Ni pestilencia que ande en oscuridad, ni mortandad que en medio del día destruya.

Caerán a tu lado mil, y diez mil a tu diestra; mas a ti no llegará.

Salmo 91:4-7

No te sobrevendrá mal, ni plaga tocará tu morada.

Pues a sus ángeles mandará acerca de ti, que te guarden en todos tus caminos.

Salmo 91:10,11

No tendrás temor de pavor repentino, ni de la ruina de los impíos cuando viniere,

Porque Jehová será tu confianza, y él preservará tu pie de quedar preso.

Proverbios 3:25,26

Con justicia serás adornada; estarás lejos de opresión, porque no temerás, y de temor, porque no se acercará a ti.

Isaías 54:14

En Dios he confiado; no temeré; ¿Qué puede hacerme el hombre?

Salmo 56:11

Aunque ande en valle de sombra de muerte, no temeré mal alguno, porque tú estarás conmigo; tu vara y tu cayado me infundirán aliento.

Aderezas mesa delante de mí en presencia de mis angustiadores; unges mi cabeza con aceite; mi copa está rebosando.

Salmo 23:4,5

Porque a los que antes conoció, también los predestinó para que fuesen hechos conformes a la imagen de su Hijo, para que él sea el primogénito entre muchos hermanos.

¿Qué, pues, diremos a esto? Si Dios es por nosotros, ¿quién contra nosotros?

¿Quién nos separará del amor de Cristo? ¿Tribulación, o angustia, o persecución, o hambre, o desnudez, o peligro, o espada?

Como está escrito: por causa de ti somos muertos todo el tiempo; somos contados como ovejas de matadero.

Antes, en todas estas cosas somos más que vencedores por medio de aquel que nos amó.

Por lo cual estoy seguro de que ni la muerte, ni la vida, ni ángeles, ni principados, ni potestades, ni lo presente, ni lo por venir,

Ni lo alto, ni lo profundo, ni ninguna otra cosa creada nos podrá separar del amor de Dios, que es en Cristo Jesús Señor nuestro.

Romanos 8:29,31,35-39

Esforzaos todos vosotros los que esperáis en Jehová, y tome aliento vuestro corazón.

Salmo 31:24

La paz os dejo, mi paz os doy: yo no os la doy como el mundo la da. No se turbe vuestro corazón, ni tenga miedo.

Juan 14:27

Jehová es mi luz y mi salvación; ¿de quién temeré? Jehová es la fortaleza de mi vida; ¿de quién he de atemorizarme?

Aunque un ejército acampe contra mí, no temerá mi corazón; aunque contra mí se levante guerra, yo estaré confiado.

Salmo 27:1,3

De manera que podemos decir confiadamente: el Señor es mi ayudador; no temeré lo que me pueda hacer el hombre.

Hebreos 13:6

Mentalmente Afectado

Porque no nos ha dado Dios espíritu de cobardía, sino de poder, de amor y de dominio propio.

2 Timoteo 1:7

No temas, porque yo estoy contigo; no desmayes, porque yo soy tu Dios que te esfuerzo; siempre te ayudaré, siempre te sustentaré con la diestra de mi justicia.

Isaías 41:10

Pues Dios no es Dios de confusión, sino de paz.

1 Corintios 14:33a

Porque donde hay celos y contención, allí hay perturbación y toda obra perversa.

Pero la sabiduría que es de lo alto es primeramente pura, después pacífica, amable, benigna, llena de misericordia y de buenos frutos, sin incertidumbre ni hipocresía.

Y el fruto de justicia se siembra en paz para aquellos que hacen la paz.

Santiago 3:16-18

Por lo cual también contiene la Escritura: He aquí, pongo en Sión la principal piedra del ángulo, escogida, preciosa; y el que creyere en ella, no será avergonzado.

1 Pedro 2:6

Porque Jehová el Señor me ayudará, por tanto no me avergoncé; por eso puse mi rostro como un pedernal, y sé que no seré avergonzado.

Isaías 50:7

Echa sobre Jehová tu carga, y él te sustentará; no dejará para siempre caído al justo.

Salmo 55:22

Por nada estéis afanosos, sino sean conocidas vuestras peticiones delante de Dios en toda oración y ruego, con acción de gracias.

Y la paz de Dios, que sobrepasa todo entendimiento, guardará vuestros corazones y vuestros pensamientos en Cristo Jesús.

Filipenses 4:6,7

Mucha paz tienen los que aman tu ley, y no hay para ellos tropiezo.

Salmo 119:165

Porque un momento será su ira, pero su favor dura toda la vida. Por la noche durará el lloro, y a la mañana vendrá la alegría.

Salmo 30:5

Cuando pases por las aguas, yo estaré contigo; y si por los ríos, no te anegarán. Cuando pases por el fuego, no te quemarás, ni la llama arderá en ti.

Isaías 43:2

El sana a los quebrantados de corazón, y venda sus heridas.

Salmo 147:3

Bendito sea el Dios y Padre de nuestro Señor Jesucristo, Padre de misericordias y Dios de toda consolación,

El cual nos consuela en todas nuestras tribulaciones, para que podamos también nosotros consolar a los que están en cualquier tribulación, por medio de la consolación con que nosotros somos consolados por Dios.

2 Corintios 1:3,4

Por lo demás, hermanos, todo lo que es verdadero, todo lo honesto, todo lo justo, todo lo puro, todo lo amable, todo lo que es de buen nombre; si hay virtud alguna, si algo digno de alabanza, en esto pensad.

Filipenses 4:8

Por lo cual estoy seguro de que ni la muerte, ni la vida, ni ángeles, ni principados, ni potestades, ni lo presente, ni lo por venir,

Ni lo alto, ni lo profundo, ni ninguna otra cosa creada nos podrá separar del amor de Dios, que es en Cristo Jesús Señor nuestro.

Romanos 8:38,39

En Necesidad
de Recibir Animo

Aguarda a Jehová; esfuérzate, y aliéntese tu corazón; sí, espera a Jehová.

Salmo 27:14

Porque un momento será su ira, pero su favor dura toda la vida. Por la noche durará el lloro, y a la mañana vendrá la alegría.

Salmo 30:5

Cuando pases por las aguas, yo estaré contigo; y si por los ríos, no te anegarán. Cuando pases por el fuego, no te quemarás, ni la llama arderá en ti.

Isaías 43:2

Amados, no os sorprendáis del fuego de prueba que os ha sobrevenido, como si alguna cosa extraña os aconteciese,

Sino gozaos por cuanto sois participantes de los padecimientos de Cristo, para que también en la revelación de su gloria os gocéis con gran alegría.

1 Pedro 4:12,13

Por lo cual estoy seguro de que ni la muerte, ni la vida, ni ángeles, ni principados, ni potestades, ni lo presente, ni lo por venir,

Ni lo alto, ni lo profundo, ni ninguna otra cosa creada nos podrá separar del amor de Dios, que es en Cristo Jesús Señor nuestro.

Romanos 8:38,39

No temas, porque yo estoy contigo: no desmayes, porque yo soy tu Dios que te esfuerzo; siempre te ayudaré, siempre te sustentaré con la diestra de mi justicia.

Isaías 41:10

El eterno Dios es tu refugio, y acá abajo los brazos eternos; él echó de delante de ti al enemigo, y dijo: Destruye.

Deuteronomio 33:27

No moriré, sino que viviré, y contaré las obras de JAH.

Salmo 118:17

Todo lo puedo en Cristo que me fortalece.

Filipenses 4:13

Esforzaos todos vosotros los que esperáis en Jehová, y tome aliento vuestro corazón.

Salmo 31:24

Pero los que esperan a Jehová tendrán nuevas fuerzas; levantarán alas como las águilas; correrán, y no se cansarán; caminarán, y no se fatigarán.

Isaías 40:31

Por nada estéis afanosos, sino sean conocidas vuestras peticiones delante de Dios en toda oración y ruego, con acción de gracias.

Filipenses 4:6

Por lo demás, hermanos, todo lo que es verdadero, todo lo honesto, todo lo justo, todo lo puro, todo lo amable, todo lo que es de buen nombre; si hay virtud alguna, si algo digno de alabanza, en esto pensad.

Filipenses 4:8

Ciertamente volverán los redimidos de Jehová; volverán a Sión cantando, y gozo perpetuo habrá sobre sus cabezas; tendrán gozo y alegría, y el dolor y el gemido huirán.

Isaías 51:11

En Necesidad de Paciencia

Mas el fruto del Espíritu es amor, gozo, paz, paciencia, benignidad, bondad, fe,

Gálatas 5:22

Pero los que esperan a Jehová tendrán nuevas fuerzas; levantarán alas como las águilas; correrán, y no se cansarán; caminarán y no se fatigarán.

Isaías 40:31

Aguarda a Jehová; esfuérzate, y aliéntese tu corazón; sí, éspera a Jehová.

Salmo 27:14

Bueno es esperar en silencio la salvación de Jehová.

Lamentaciones 3:26

Pero si esperamos lo que no vemos, con paciencia lo aguardamos.

Romanos 8:25

A fin de que no os hagáis perezosos, sino imitadores de aquellos que por la fe y la paciencia heredan las promesas.

Hebreos 6:12

No perdáis, pues, vuestra confianza, que tiene grande galardón;

Porque os es necesaria la paciencia, para que habiendo hecho la voluntad de Dios, obtengáis la promesa.

Porque aún un poquito, y el que ha de venir vendrá, y no tardará.

Hebreos 10:35-37

Por tanto, nosotros también, teniendo en derredor nuestro tan grande nube de testigos, despojémonos de todo peso y del pecado que nos asedia, y corramos con paciencia la carrera que tenemos por delante,

Hebreos 12:1

Mejor es el fin del negocio que su principio; mejor es el sufrido de espíritu que el altivo de espíritu.

No te apresures en tu espíritu a enojarte; porque el enojo reposa en el seno de los necios.

Eclesiastés 7:8,9

Porque las cosas que se escribieron antes, para nuestra enseñanza se escribieron, a fin de que por la paciencia y la consolación de las Escrituras, tengamos esperanza.

Pero el Dios de la paciencia y de la consolación os dé entre vosotros un mismo sentir según Cristo Jesús,

Romanos 15:4,5

Deja la ira, y desecha el enojo; no te excites en manera alguna a hacer lo malo.

Porque los malignos serán destruidos, pero los que esperan en Jehová ellos heredarán la tierra.

Salmo 37:8,9

Pacientemente esperé a Jehová y se inclinó a mí, y oyó mi clamor.

Salmo 40:1

Y no sólo esto, sino que también nos gloriamos en las tribulaciones, sabiendo que la tribulación produce paciencia;

Y la paciencia, prueba; y la prueba, esperanza;

Y la esperanza no avergüenza; porque el amor de Dios ha sido derramado en nuestros corazones por el Espíritu Santo que nos fue dado.

Romanos 5:3-5

Sabiendo que la prueba de vuestra fe produce paciencia.

Mas tenga la paciencia su obra completa, para que seáis perfectos y cabales, sin que os falte cosa alguna.

Santiago 1:3,4

Por tanto, hermanos, tened paciencia hasta la venida del Señor. Mirad cómo el labrador espera el precioso fruto de la tierra, aguardando con paciencia hasta que reciba la lluvia temprana y la tardía.

Tened también vosotros paciencia, y afirmad vuestros corazones; porque la venida del Señor se acerca.

Santiago 5:7,8

En Necesidad de Paz

Tú guardarás en completa paz a aquel cuyo pensamiento en ti persevera; porque en ti ha confiado.

Isaías 26:3

La paz os dejo, mi paz os doy; yo no os la doy como el mundo la da. No se turbe vuestro corazón, ni tenga miedo.

Juan 14:27

Por nada estéis afanosos, sino sean conocidas vuestras peticiones delante de Dios en toda oración y ruego, con acción de gracias.

Y la paz de Dios, que sobrepasa todo entendimiento, guardará vuestros corazones y vuestros pensamientos en Cristo Jesús.

Filipenses 4:6,7

Justificados, pues, por la fe, tenemos paz para con Dios por medio de nuestro Señor Jesucristo;

Romanos 5:1

Jehová, tú nos darás paz, porque también hiciste en nosotros todas nuestras obras.

Isaías 26:12

Porque con alegría saldréis, y con paz seréis vueltos; los montes y los collados levantarán canción delante de vosotros, y todos los árboles del campo darán palmadas de aplauso.

Isaías 55:12

Considera al íntegro, y mira al justo; porque hay un final dichoso para el hombre de paz.

Salmo 37:37

Porque el ocuparse de la carne es muerte, pero el ocuparse del Espíritu es vida y paz.

Romanos 8:6

Mucha paz tienen los que aman tu ley, y no hay para ellos tropiezo.

Salmo 119:165

Entrará en la paz; descansarán en sus lechos todos los que andan delante de Dios.

Isaías 57:2

Porque el reino de Dios no es comida ni bebida, sino justicia, paz y gozo en el Espíritu Santo.

Porque el que en esto sirve a Cristo, agrada a Dios, y es aprobado por los hombres.

Así que, sigamos lo que contribuye a la paz y a la mutua edificación.

Romanos 14:17-19

Pero los mansos heredarán la tierra, y se recrearán con abundancia de paz.

Salmo 37:11

Por lo demás, hermanos, tened gozo, perfeccionaos, consolaos, sed de un mismo sentir, y vivid en paz; y el Dios de paz y de amor estará con vosotros.

2 Corintios 13:11

Y el Dios de esperanza os llene de todo gozo y paz en el creer, para que abundéis en esperanza por el poder del Espíritu Santo.

Romanos 15:13

QUE HACER CUANDO USTED ESTA
Tibio Espiritualmente

Sé vigilante, y afirma las otras cosas que están para morir; porque no he hallado tus obras perfectas delante de Dios.

Yo conozco tus obras, que ni eres frío ni caliente. ¡Ojalá fueses frío o caliente!

Pero por cuanto eres tibio, y no frío ni caliente, te vomitaré de mi boca.

Apocalipsis 3:2,15,16

Pero tengo contra ti, que has dejado tu primer amor.

Apocalipsis 2:4

¿Qué haré a ti, Efraín? ¿Qué haré a ti, oh Judá? La piedad vuestra es como nube de la mañana, y como el rocío de la madrugada, que se desvanece.

Oseas 6:4

Por tanto, guárdate, y guarda tu alma con diligencia, para que no te olvides de las cosas que tus ojos han visto, ni se aparten de tu corazón todos los días de tu vida; antes bien, las enseñarás a tus hijos, y a los hijos de tus hijos.

Deuteronomio 4:9

Cuídate de no olvidarte de Jehová tu Dios, para cumplir sus mandamientos, sus decretos y sus estatutos que yo te ordeno hoy;

No suceda que comas y te sacies, y edifiques buenas casas en que habites,

Y tus vacas y tus ovejas se aumenten, y la plata y el oro se te multipliquen, y todo lo que tuvieres se aumente;

Y se enorgullezca tu corazón, y te olvides de Jehová tu Dios, que te sacó de tierra de Egipto, de casa de servidumbre;

Deuteronomio 8:11-14

Si nos hubiésemos olvidado del nombre de nuestro Dios, o alzado nuestras manos a dios ajeno,

¿No demandaría Dios esto? Porque él conoce los secretos del corazón.

Salmo 44:20,21

Mirad, hermanos, que no haya en ninguno de vosotros corazón malo de incredulidad para apartarse del Dios vivo;

Antes exhortaos los unos a los otros cada día, entre tanto que se dice: Hoy; para que ninguno de vosotros se endurezca por el engaño del pecado.

Hebreos 3:12,13

Acerca de esto tenemos mucho que decir, y difícil de explicar, por cuanto os habéis hecho tardos para oír.

Porque debiendo ser ya maestros, después de tanto tiempo, tenéis necesidad de que se os vuelva a enseñar cuáles son los primeros rudimentos de las palabras de Dios; y habéis llegado a ser tales que tenéis necesidad de leche, y no de alimento sólido.

Hebreos 5:11,12

Mirad bien, no sea que alguno deje de alcanzar la gracia de Dios; que brotando alguna raíz de amargura, os estorbe, y por ella muchos sean contaminados;

Hebreos 12:15

Ciertamente, si habiéndose ellos escapado de las contaminaciones del mundo, por el conocimiento del Señor y Salvador Jesucristo, enredándose otra vez en ellas son vencidos, su postrer estado viene a ser peor que el primero.

Porque mejor les hubiera sido no haber conocido el camino de la justicia, que después de haberlo conocido, volverse atrás del santo mandamiento que les fue dado.

2 Pedro 2:20,21

Así dijo Jehová: Paraos en los caminos, y mirad, y preguntad por las sendas antiguas, cuál sea el buen camino, y andad por él, y hallaréis descanso para vuestra alma. Mas dijeron: No andaremos.

Jeremías 6:16

Si confesamos nuestros pecados, él es fiel y justo para perdonar nuestros pecados, y limpiarnos de toda maldad.

1 Juan 1:9

Desde los días de vuestros padres os habéis apartado de mis leyes, y no las guardasteis. Volveos a mí, y yo me volveré a vosotros, ha dicho Jehová de los ejércitos.

Malaquías 3:7a

Pasando por el Dolor

Tampoco queremos, hermanos, que ignoréis acerca de los que duermen, para que no os entristezcáis como los otros que no tienen esperanza.

Porque si creemos que Jesús murió y resucitó, así también traerá Dios con Jesús a los que durmieron en él.

1 Tesalonicenses 4:13,14

...Porque Jehová ha consolado a su pueblo, y de sus pobres tendrá misericordia.

Isaías 49:13b

Cuando pases por las aguas, yo estaré contigo; y si por los ríos, no te anegarán. Cuando pases por el fuego, no te quemarás, ni la llama arderá en ti.

Isaías 43:2

Y el mismo Jesucristo Señor nuestro, y Dios nuestro Padre, el cual nos amó y nos dio consolación eterna y buena esperanza por gracia,

Conforte vuestros corazones, y os confirme en toda buena palabra y obra.

2 Tesalonicenses 2:16,17

Bienaventurados los que lloran, porque ellos recibirán consolación.

Mateo 5:4

Bendito sea el Dios y Padre de nuestro Señor Jesucristo, Padre de misericordias y Dios de toda consolación,

El cual nos consuela en todas nuestras tribulaciones, para que podamos también nosotros consolar a los que están en cualquier tribulación, por medio de la consolación con que nosotros somos consolados por Dios.

2 Corintios 1:3,4

El Espíritu de Jehová el Señor está sobre mí, porque me ungió Jehová; me ha enviado a predicar buenas nuevas a los abatidos, a vendar a los quebrantados de corazón, a publicar libertad a los cautivos, y a los presos apertura de la cárcel;

A proclamar el año de la buena voluntad de Jehová, y el día de venganza del Dios nuestro; a consolar a todos los enlutados;

A ordenar que a los afligidos de Sión se les dé gloria en lugar de ceniza, óleo de gozo en lugar de luto, manto de alegría en lugar del espíritu angustiado; y serán llamados árboles de justicia, plantío de Jehová, para gloria suya.

Isaías 61:1-3

Ella es mi consuelo en mi aflicción, porque tu dicho me ha vivificado.

Salmo 119:50

Echando toda vuestra ansiedad sobre él, porque él tiene cuidado de vosotros.

1 Pedro 5:7

¿Dónde está, oh muerte, tu aguijón? ¿Dónde, oh sepulcro, tu victoria?

Mas gracias sean dadas a Dios, que nos da la victoria por medio de nuestro Señor Jesucristo.

1 Corintios 15:55,57

Aunque ande en valle de sombra de muerte, no temeré mal alguno, porque tú estarás conmigo; tu vara y tu cayado me infundirán aliento.

Salmo 23:4

Porque no tenemos un sumo sacerdote que no pueda compadecerse de nuestras debilidades, sino uno que fue tentado en todo según nuestra semejanza, pero sin pecado.

Acerquémonos, pues, confiadamente al trono de la gracia, para alcanzar misericordia y hallar gracia para el oportuno socorro.

Hebreos 4:15,16

No temas, porque yo estoy contigo; no desmayes, porque yo soy tu Dios que te esfuerzo; siempre te ayudaré, siempre te sustentaré con la diestra de mi justicia.

Isaías 41:10

Ciertamente volverán los redimidos de Jehová; volverán a Sión cantando, y gozo perpetuo habrá sobre sus cabezas; tendrán gozo y alegría, y el dolor y el gemido huirán.

Isaías 51:11

Pero confiamos, y más quisiéramos estar ausentes del cuerpo, y presentes al Señor.

2 Corintios 5:8

Enjugará Dios toda lágrima de los ojos de ellos; y ya no habrá muerte, ni habrá más llanto, ni clamor, ni dolor; porque las primeras cosas pasaron.

Apocalipsis 21:4

Dudando Acerca de Dios

Respondiendo Jesús, les dijo: Tened fe en Dios.

Porque de cierto os digo que cualquiera que dijere a este monte: Quítate y échate en el mar, y no dudare en su corazón, sino creyere que será hecho lo que dice, lo que diga le será hecho.

Por tanto, os digo que todo lo que pidiereis orando, creed que lo recibiréis, y os vendrá.

Marcos 11:22-24

Vosotros, pues, no os preocupéis por lo que habéis de comer, ni por lo que habéis de beber, ni estéis en ansiosa inquietud.

Porque todas estas cosas buscan las gentes del mundo; pero vuestro Padre sabe que tenéis necesidad de estas cosas.

Mas buscad el reino de Dios, y todas estas cosas os serán añadidas.

Lucas 12:29-31

Tampoco dudó, por incredulidad, de la promesa de Dios, sino que se fortaleció en fe, dando gloria a Dios,

Plenamente convencido de que era también poderoso para hacer todo lo que había prometido;

Romanos 4:20,21

...Mi consejo permanecerá, y haré todo lo que quiero;

. . . Yo hablé, y lo haré venir; lo he pensado, y también lo haré.

Isaías 46:10b,11b

Fiel es el que os llama, el cual también lo hará.

1 Tesalonicenses 5:24

El Señor no retarda su promesa, según algunos la tienen por tardanza, sino que es paciente para con nosotros, no queriendo que ninguno perezca, sino que todos procedan al arrepentimiento.

2 Pedro 3:9

En cuanto a Dios, perfecto es su camino, y acrisolada la palabra de Jehová; escudo es a todos los que en él esperan.

Salmo 18:30

He aquí que no se ha acortado la mano de Jehová para salvar, ni se ha agravado su oído para oír;

Isaías 59:1

Amados, no os sorprendáis del fuego de prueba que os ha sobrevenido, como si alguna cosa extraña os aconteciese,

Sino gozaos por cuanto sois participantes de los padecimientos de Cristo, para que también en la revelación de su gloria os gocéis con gran alegría.

1 Pedro 4:12,13

Así que la fe es por el oír, y el oír, por la palabra de Dios.

Romanos 10:17

Porque como desciende de los cielos la lluvia y la nieve, y no vuelve allá, sino que riega la tierra, y la hace germinar y producir, y da semilla al que siembra, y pan al que come,

Así será mi palabra que sale de mi boca; no volverá a mí vacía, sino que hará lo que yo quiero, y será prosperada en aquello para que la envié.

Isaías 55:10,11

Qué Hacer Cuando...

Usted Necesita Confianza

Todo lo puedo en Cristo que me fortalece.

Filipenses 4:13

De manera que podemos decir confiadamente: El Señor es mi ayudador; no temeré lo que me pueda hacer el hombre.

Hebreos 13:6

No perdáis, pues, vuestra confianza, que tiene grande galardón;

Porque os es necesaria la paciencia, para que habiendo hecho la voluntad de Dios, obtengáis la promesa.

Hebreos 10:35,36

Estando persuadido de esto, que el que comenzó en vosotros la buena obra, la perfeccionará hasta el día de Jesucristo;

Filipenses 1:6

Jehová el Señor es mi fortaleza, el cual hace mis pies como de ciervas, y en mis alturas me hace andar.

Al jefe de los cantores, sobre mis instrumentos de cuerdas.

Habacuc 3:19

Antes, en todas estas cosas somos más que vencedores por medio de aquel que nos amó.

Romanos 8:37

Y esta es la confianza que tenemos en él, que si pedimos alguna cosa conforme a su voluntad, él nos oye.

Y si sabemos que él nos oye en cualquiera cosa que pidamos, sabemos que tenemos las peticiones que le hayamos hecho.

1 Juan 5:14,15

De cierto, de cierto os digo: El que en mí cree, las obras que yo hago, él las hará también; y aun mayores hará, porque yo voy al Padre.

Juan 14:12

Entonces respondió y me habló diciendo: Esta es palabra de Jehová a Zorobabel, que dice: No con ejército, ni con fuerza, sino con mi Espíritu, ha dicho Jehová de los ejércitos.

Zacarías 4:6

Cuando pases por las aguas, yo estaré contigo; y si por los ríos, no te anegarán. Cuando pases por el fuego, no te quemarás, ni la llama arderá en ti.

Isaías 43:2

Porque Jehová será tu confianza, y él preservará tu pie de quedar preso.

Proverbios 3:26

Me gozo de que en todo tengo confianza en vosotros.

2 Corintios 7:16

En quien tenemos seguridad y acceso con confianza por medio de la fe en él;

Efesios 3:12

Amados, si nuestro corazón no nos reprende, confianza tenemos en Dios;

1 Juan 3:21

Pero los que esperan a Jehová tendrán nuevas fuerzas; levantarán alas como las águilas; correrán, y no se cansarán; caminarán, y no se fatigarán.

Isaías 40:31

Problemas Golpean Su Vida

Jehová es bueno, fortaleza en el día de la angustia; y conoce a los que en el confían.

Nahum 1:7

Que estamos atribulados en todo, mas no angustiados; en apuros, mas no desesperados;

Perseguidos, mas no desamparados; derribados, pero no destruidos;

2 Corintios 4:8,9

Si anduviere yo en medio de la angustia, tú me vivificarás; contra la ira de mis enemigos extenderás tu mano, y me salvará tu diestra.

Salmo 138:7

No se turbe vuestro corazón; creéis en Dios, creed también en mí.

Juan 14:1

Cuando pases por las aguas, yo estaré contigo; y si por los ríos, no te anegarán. Cuando pases por el fuego, no te quemarás, ni la llama arderá en ti.

Isaías 43:2

Y sabemos que a los que aman a Dios, todas las cosas les ayudan a bien, esto es, a los que conforme a su propósito son llamados.

Romanos 8:28

Me gozaré y alegraré en tu misericordia, porque has visto mi aflicción; has conocido mi alma en las angustias.

Salmo 31:7

Alzaré mis ojos a los montes; ¿De dónde vendrá mi socorro?

Mi socorro viene de Jehová, que hizo los cielos y la tierra.

Salmo 121:1,2

Porque no tenemos un sumo sacerdote que no pueda compadecerse de nuestras debilidades, sino uno que fue tentado en todo según nuestra semejanza, pero sin pecado.

Acerquémonos, pues, confiadamente al trono de la gracia, para alcanzar misericordia y hallar gracia para el oportuno socorro.

Hebreos 4:15,16

Echando toda vuestra ansiedad sobre él, porque él tiene cuidado de vosotros.

1 Pedro 5:7

Así que, no os afanéis por el día de mañana, porque el día de mañana traerá su afán. Basta a cada día su propio mal.

Mateo 6:34

Bendito sea el Dios y Padre de nuestro Señor Jesucristo, Padre de misericordias y Dios de toda consolación,

El cual nos consuela en todas nuestras tribulaciones, para que podamos también nosotros consolar a los que están en cualquier tribulación, por medio de la consolación con que nosotros somos consolados por Dios.

2 Corintios 1:3,4

Por nada estéis afanosos, sino sean conocidas vuestras peticiones delante de Dios en toda oración y ruego, con acción de gracias.

Y la paz de Dios, que sobrepasa todo entendimiento, guardará vuestros corazones y vuestros pensamientos en Cristo Jesús.

Filipenses 4:6,7

Ciertamente volverán los redimidos de Jehová; volverán a Sion cantando, y gozo perpetuo habrá sobre sus cabezas; tendrán gozo y alegría, y el dolor y el gemido huirán.

Isaías 51:11

Usted Tiene Una Enfermedad Física

Amado, yo deseo que tú seas prosperado en todas las cosas, y que tengas salud, así como prospera tu alma.

3 Juan 2

Recorría Jesús todas las ciudades y aldeas, enseñando en las sinagogas de ellos, y predicando el evangelio del reino, y sanando toda enfermedad y toda dolencia en el pueblo.

Mateo 9:35

Y toda la gente procuraba tocarle, porque poder salía de él y sanaba a todos.

Lucas 6:19

Jesucristo es el mismo ayer, y hoy, y por los siglos.

Hebreos 13:8

Quien llevó él mismo nuestros pecados en su cuerpo sobre el madero, para que nosotros, estando muertos a los pecados, vivamos a la justicia; y por cuya herida fuisteis sanados.

1 Pedro 2:24

El es quien perdona todas tus iniquidades, el que sana todas tus dolencias;

Salmo 103:3

Mas él herido fue por nuestras rebeliones, molido por nuestros pecados; el castigo de nuestra paz fue sobre él, y por su llaga fuimos nosotros curados.

Isaías 53:5

Sáname, oh Jehová, y seré sano; sálvame, y seré salvo; porque tú eres mi alabanza.

Jeremías 17:14

Mas yo haré venir sanidad para ti, y sanaré tus heridas, dice Jehová;

Jeremías 30:17a

Y dijo: Si oyeres atentamente la voz de Jehová tu Dios, e hicieres lo recto delante de sus ojos, y dieres oído a sus mandamientos, y guardares todos sus estatutos, ninguna enfermedad de las que envié a los egipcios te enviaré a ti; porque yo soy Jehová tu sanador.

Exodo 15:26

Hijo mío está atento a mis palabras; inclina tu oído a mis razones.

No se aparten de tus ojos; guárdalas en medio de tu corazon;

Porque son vida a los que las hallan, y medicina a todo su cuerpo.

Proverbios 4:20-22

Envió su palabra, y los sanó, y los libró de su ruina.

Salmo 107:20

Respondió el centurión y dijo: Señor, no soy digno de que entres bajo mi techo; solamente di la palabra, y mi criado sanará.

Mateo 8:8

¿Está alguno enfermo entre vosotros? Llame a los ancianos de la iglesia, y oren por él, ungiéndole con aceite en el nombre del Señor.

Y la oración de fe salvará al enfermo, y el Señor lo levantará; y si hubiere cometido pecados, le serán perdonados.

Santiago 5:14,15

Y estas señales seguirán a los que creen: En mi nombre echarán fuera demonios; hablarán nuevas lenguas;

Tomarán en las manos serpientes, y si bebieren cosa mortífera, no les hará daño; sobre los enfermos pondrán sus manos, y sanarán.

Marcos 16:17,18

Usted Está en
Problemas Financieros

Amado, yo deseo que tú seas prosperado en todas las cosas, y que tengas salud, así como prospera tu alma.

3 Juan 2

Joven fui, y he envejecido, y no he visto justo desamparado; ni su descendencia que mendigue pan.

Salmo 37:25

Los leoncillos necesitan, y tienen hambre; pero los que buscan a Jehová no tendrán falta de ningún bien.

Salmo 34:10

Jehová es mi pastor; nada me faltará.

Salmo 23:1

Y vendrán sobre ti todas estas bendiciones, y te alcanzarán, si oyeres la voz de Jehová tu Dios.

Bendito serás tú en la ciudad y bendito tú en el campo.

Bendito el fruto de tu vientre, el fruto de tu tierra, el fruto de tus bestias, la cría de tus vacas y los rebaños de tus ovejas.

Benditas serán tu canasta y tu artesa de amasar.

Bendito serás en tu entrar, y bendito en tu salir.

Jehová derrotará a tus enemigos que se levantaren contra ti; por un camino saldrán contra ti, y por siete caminos huirán de delante de ti.

Jehová te enviará su bendición sobre tus graneros, y sobre todo aquello en que pusieres tu mano; y te bendecirá en la tierra que Jehová tu Dios te da.

Deuteronomio 28:2-8

Y te hará Jehová sobreabundar en bienes, en el fruto de tu vientre, en el fruto de tu bestia, y en el fruto de tu tierra, en el país que Jehová juró a tus padres que te había de dar.

Te abrirá Jehová su buen tesoro, el cielo, para enviar la lluvia a tu tierra en su tiempo, y para bendecir toda obra de tus manos. Y prestarás a muchas naciones, y tú no pedirás prestado.

Te pondrá Jehová por cabeza, y no por cola; y estarás encima solamente, y no estarás debajo, si obedecieres los mandamientos de Jehová tu Dios, que yo te ordeno hoy, para que los guardes y cumplas,

Deuteronomio 28:11-13

Dad, y se os dará; medida buena, apretada, remecida y rebosando darán en vuestro regazo; porque con la misma medida con que medís, os volverán a medir.

Lucas 6:38

Cada primer día de la semana cada uno de vosotros ponga aparte algo, según haya prosperado, guardándolo, para que cuando yo llegue no se recojan entonces ofrendas.

1 Corintios 16:2

Sanad enfermos, limpiad leprosos, resucitad muertos, echad fuera demonios; de gracia recibisteis, dad de gracia.

Mateo 10:8

Traed todos los diezmos al alfolí y haya alimento en mi casa; y probadme ahora en esto, dice Jehová de los ejércitos, si no os abriré las ventanas de los cielos, y derramaré sobre vosotros bendición hasta que sobreabunde.

Reprenderé también por vosotros al devorador, y no os destruirá el fruto de la tierra, ni vuestra vid en el campo será estéril, dice Jehová de los ejércitos.

Y todas las naciones os dirán bienaventurados; porque seréis tierra deseable, dice Jehová de los ejércitos.

Malaquías 3:10-12

Pero esto digo: El que siembra escasamente, también segará escasamente; y el que siembra generosamente, generosamente también segará.

Cada uno dé como propuso en su corazón: no con tristeza, ni por necesidad, porque Dios ama al dador alegre.

Y poderoso es Dios para hacer que abunde en vosotros toda gracia, a fin de que, teniendo siempre en todas las cosas todo lo suficiente, abundéis para toda buena obra;

2 Corintios 9:6-8

Y cualquiera que haya dejado cases, o hermanos, o hermanas, o padre, o madre, o mujer, o hijos, o tierras, por mi nombre, recibirá cien veces más, y heredará la vida eterna.

Mateo 19:29

Nunca se apartará de tu boca este libro de la ley, sino que de día y de noche meditarás en él, para que guardes y hagas conforme a todo lo que en él está escrito; porque entonces harás prosperar tu camino, y todo te saldrá bien.

Josué 1:8

Porque al hombre que le agrada, Dios le da sabiduría, ciencia y gozo; mas al pecador da el trabajo de recoger y amontonar, para darlo al que agrada a Dios. También esto es vanidad y aflicción de espíritu.

Eclesiastés 2:26

El bueno dejará herederos a los hijos de sus hijos; pero la riqueza del pecador está guardada para el justo.

Proverbios 13:22

Porque Jehová tu Dios te introduce en la buena tierra, tierra de arroyos, de aguas, de fuentes y de manantiales, que brotan en vegas y montes;

Tierra de trigo y cebada, de vides, higueras y granados; tierra de olivos, de aceite y de miel;

Tierra en la cual no comerás el pan con escasez, ni te faltará nada en ella; tierra cuyas piedras son hierro, y de cuyos montes sacarás cobre.

Y comerás y te saciarás, y bendecirás a Jehová tu Dios por la buena tierra que te habrá dado.

Cuídate de no olvidarte de Jehová tu Dios, para cumplir sus mandamientos, sus decretos y sus estatutos que yo te ordeno hoy;

No suceda que comas y te sacies, y edifiques buenas casas en que habites,

Y tus vacas y tus ovejas se aumenten, y la plata y el oro se te multipliquen, y todo lo que tuvieres se aumente;

Y se enorgullezca tu corazón, y te olvides de Jehová tu Dios, que te sacó de tierra de Egipto, de casa de servidumbre;

Sino acuérdate de Jehová tu Dios, porque él te da el poder para hacer las riquezas, a fin de confirmar su pacto que juró a tus padres, como en este día.

Deuteronomio 8:7-14,18

No os afanéis, pues, diciendo: ¿Qué comeremos, o qué beberemos, o qué vestiremos?

Porque los gentiles buscan todas estas cosas; pero vuestro Padre celestial sabe que tenéis necesidad de todas estas cosas.

Mas buscad primeramente el reino de Dios y su justicia, y todas estas cosas os serán añadidas.

Mateo 6:31-33

Mi Dios, pues, suplirá todo lo que os falta conforme a sus riquezas en gloria en Cristo Jesús.

Filipenses 4:19

Usted Está Teniendo Problemas Conyugales

Quítense de vosotros toda amargura, enojo, ira, gritería y maledicencia, y toda malicia.

Antes sed benignos unos con otros, misericordiosos, perdonándoos unos a otros, como Dios también os perdonó a vosotros en Cristo.

Efesios 4:31,32

Y dijo Jehová Dios: No es bueno que el hombre esté solo; le haré ayuda idónea para él.

Génesis 2:18

Por tanto, dejará el hombre a su padre y a su madre, y se unirá a su mujer, y serán una sola carne.

Génesis 2:24

Someteos unos a otros en el temor de Dios.

Las casadas estén sujetas a sus propios maridos, como al Señor;

Porque el marido es cabeza de la mujer, así como Cristo es cabeza de la iglesia, la cual es su cuerpo, y él es su Salvador.

Así que, como la iglesia está sujeta a Cristo, así también las casadas lo estén a sus maridos en todo.

Maridos, amad a vuestras mujeres, así como Cristo amó a la iglesia, y se entregó a sí mismo por ella.

Para santificarla, habiéndola purificado en el lavamiento del agua por la palabra,

A fin de presentársela a sí mismo, una iglesia gloriosa, que no tuviese mancha ni arruga ni cosa semejante, sino que fuese santa y sin mancha.

Así también los maridos deben amar a sus mujeres como a sus mismos cuerpos. El que ama a su mujer, a sí mismo se ama.

Porque nadie aborreció jamás a su propia carne, sino que la sustenta y la cuida, como también Cristo a la iglesia,

Porque somos miembros de su cuerpo, de su carne y de sus huesos.

Por esto dejará el hombre a su padre y a su madre, y se unirá a su mujer, y los dos serán una sola carne.

Grande es este misterio; mas yo digo esto respecto de Cristo y de la iglesia.

Por lo demás, cada uno de vosotros ame también a su mujer como a sí mismo; y la mujer respete a su marido.

Efesios 5:21-33

Asimismo vosotras, mujeres, estad sujetas a vuestros maridos; para que también los que no creen a la palabra, sean ganados sin palabra por la conducta de sus esposas,

Considerando vuestra conducta casta y respetuosa.

Vuestro atavío no sea el externo de peinados ostentosos, de adornos de oro o de vestidos lujosos,

Sino el interno, el del corazón, en el incorruptible ornato de un espíritu afable y apacible, que es de grande estima delante de Dios.

Porque así también se ataviaban en otro tiempo aquellas santas mujeres que esperaban en Dios, estando sujetas a sus maridos;

Como Sara obedecía a Abraham, llamándole señor; de la cual vosotras habéis venido a ser hijas, si hacéis el bien, sin temer ninguna amenaza.

Vosotros, maridos, igualmente, vivid con ellas sabiamente, dando honor a la mujer como a vaso más frágil, y como a coherederas de la gracia de la vida, para que vuestras oraciones no tengan estorbo.

1 Pedro 3:1-7

Y si mal os parece servir a Jehová, escogeos hoy a quién sirváis; si a los dioses a quienes sirvieron vuestros padres, cuando estuvieron al otro lado del río, o a los dioses de los amorreos en cuya tierra habitáis; pero yo y mi casa serviremos a Jehová.

Josué 24:15

El amor no hace mal al prójimo; así que el cumplimiento de la ley es el amor.

Romanos 13:10

Entenderé el camino de la perfección cuando vengas a mí. En la integridad de mi corazón andaré en medio de mi casa.

Salmo 101:2

Finalmente, sed todos de un mismo sentir, compasivos, amándoos fraternalmente, misericordiosos, amigables;

No devolviendo mal por mal, ni maldición por maldición, sino por el contrario, bendiciendo, sabiendo que fuisteis llamados para que heredaseis bendición.

Porque: el que quiere amar la vida y ver días buenos, refrene su lengua de mal, y sus labios no hablen engaño;

Apártese del mal, y haga el bien; busque la paz, y sígala.

1 Pedro 3:8-11

Fíate de Jehová de todo tu corazón, y no te apoyes en tu propia prudencia.

Reconócelo en todos tus caminos, y él enderezará tus veredas.

Proverbios 3:5,6

El odio despierta rencillas; pero el amor cubrirá todas las faltas.

Proverbios 10:12

Habiendo purificado vuestras almas por la obediencia a la verdad, mediante el Espíritu, para el amor fraternal no fingido, amaos unos a otros entrañablemente, de corazón puro;

1 Pedro 1:22

Usted Ha Sido Abandonado Por Sus Seres Amados

En ti confiarán los que conocen tu nombre, por cuanto tú, oh Jehová, no desamparaste a los que te buscaron.

Salmo 9:10

Porque no abandonará Jehová a su pueblo, ni desamparará su heredad.

Salmo 94:14

Aunque mi padre y mi madre me dejaran, con todo, Jehová me recogerá.

Salmo 27:10

Enseñándoles que guarden todas las cosas que os he mandado; y he aquí yo estoy con vosotros todos los días, hasta el fin del mundo. Amén.

Mateo 28:20

Nunca más te llamarán Desamparada, ni tu tierra se dirá más Desolada; sino que serás llamada Hefzi-bá, y tu tierra, Beula; porque el amor de Jehová estará en ti, y tu tierra será desposada.

Isaías 62:4

Perseguidos, mas no desamparados; derribados, pero no destruidos;

2 Corintios 4:9

Echando toda vuestra ansiedad sobre él,
porque él tiene cuidado de vosotros.

1 Pedro 5:7

Joven fuí, y he envejecido, y no he visto
justo desamparado, ni su descendencia que mendigue pan.

Salmo 37:25

Porque Dios misericordioso es Jehová tu
Dios; no te dejará, ni te destruirá, ni se olvidará
del pacto que les juró a tus padres.

Deuteronomio 4:31

Los afligidos y menesterosos buscan las
aguas, y no las hay; seca está de sed su lengua;
yo Jehová los oiré, yo el Dios de Israel no los
desampararé.

Isaías 41:17

Por cuanto en mí ha puesto su amor, yo
también lo libraré; le pondré en alto, por cuanto
ha conocido mi nombre.
Me invocará, y yo le responderé: con él
estaré yo en la angustia; lo libraré y le glorificaré.

Salmo 91:14,15

¿Se olvidará la mujer de lo que dio a luz,
para dejar de compadecerse del hijo de su vientre? Aunque olvide ella, yo nunca me olvidaré
de ti.

He aquí que en las palmas de las manos te tengo esculpida; delante de mí están siempre tus muros.

Isaías 49:15,16

¿Por qué te abates, oh alma mía, y por qué te turbas dentro de mí? Espera en Dios; porque aún he de alabarle, salvación mía y Dios mío.

Salmo 43:5

Esforzaos y cobrad ánimo; no temáis, ni tengáis miedo de ellos, porque Jehová tu Dios es el que va contigo; no te dejará, ni te desamparará.

Deuteronomio 31:6

Pues Jehová no desamparará a su pueblo, por su grande nombre; porque Jehová ha querido haceros pueblo suyo.

1 Samuel 12:22

Usted No Comprende
Los Caminos de Dios

Porque mis pensamientos no son vuestros pensamientos, ni vuestros caminos mis caminos, dijo Jehová.

Como son más altos los cielos que la tierra, así son mis caminos más altos que vuestros caminos, y mis pensamientos más que vuestros pensamientos.

Isaías 55:8,9

Clama a mí, y yo te responderé, y te enseñaré cosas grandes y ocultas que tú no conoces.

Jeremías 33:3

¿Qué, pues, diremos a esto? Si Dios es por nosotros, ¿quién contra nosotros?

Romanos 8:31

¿Quién nos separará del amor de Cristo? ¿Tribulación, o angustia, persecución, o hambre, o desnudez, o peligro, o espada?

Como está escrito: Por causa de ti somos muertos todo el tiempo; somos contados como ovejas de matadero.

Antes, en todas estas cosas somos más que vencedores por medio de aquel que nos amó.

Romanos 8:35-37

No os ha sobrevenido ninguna tentación que no sea humana; pero fiel es Dios, que no os dejará ser tentados más de lo que podéis resistir, sino que dará también juntamente con la tentación la salida, para que podáis soportar.

1 Corintios 10:13

Muchas son las aflicciones del justo, pero de todas ellas le librará Jehová.

Salmo 34:19

Echa sobre Jehová tu carga, y él te sustentará; no dejará para siempre caído al justo.

Salmo 55:22

No temas, porque yo estoy contigo; no desmayes, porque yo soy tu Dios que te esfuerzo; siempre te ayudaré, siempre te sustentaré con la diestra de mi justicia.

Isaías 41:10

Y sabemos que a los que aman a Dios, todas las cosas les ayudan a bien, esto es, a los que conforme a su propósito son llamados.

Romanos 8:28

Y conoceremos, y proseguiremos en conocer a Jehová; como el alba está dispuesta su salida, y vendrá a nosotros como la lluvia, como la lluvia tardía y temprana a la tierra.

Oseas 6:3

En cuanto a Dios, perfecto es su camino, y acrisolada la palabra de Jehová; escudo es a todos los que en él esperan.

Salmo 18:30

Mantengamos firme, sin fluctuar, la profesión de nuestra esperanza, porque fiel es el que prometió.

Hebreos 10:23

Y haré con ellos pacto eterno, que no me volveré atrás de hacerles bien, y pondré mi temor en el corazón de ellos, para que no se aparten de mí.

Jeremías 32:40

Jehová cumplirá su propósito en mí; tu misericordia, oh Jehová, es para siempre; no desampares la obra de tus manos.

Salmo 138:8

Amados, no os sorprendáis del fuego de prueba que os ha sobrevenido, como si alguna cosa extraña os aconteciese,

Sino gozaos por cuanto sois participantes de los padecimientos de Cristo, para que también en la revelación de su gloria os gocéis con gran alegría.

1 Pedro 4:12,13

Debe Esperar en Dios

Aguarda a Jehová; esfuérzate, y aliéntese tu corazón; Sí, espera a Jehová.

Salmo 27:14

Alma mía, en Dios solamente reposa; porque de él es mi esperanza.

Salmo 62:5

Nuestra alma espera a Jehová; nuestra ayuda y nuestro escudo es él.

Salmo 33:20

Pero los que esperan a Jehová tendrán nuevas fuerzas; levantarán alas como las águilas; correrán, y no se cansarán; caminarán, y no se fatigarán.

Isaías 40:31

Aunque la visión tardará aún por un tiempo, mas se apresura hacia el fin, y no mentirá; aunque tardare, espéralo, porque sin duda vendrá, no tardará.

Habacuc 2:3

Mantengamos firme, sin fluctuar, la profesión de nuestra esperanza, porque fiel es el que prometió.

Hebreos 10:23

Los ojos de todos esperan en ti, y tú les das su comida a su tiempo.

Abres tu mano, y colmas de bendición a todo ser viviente.

Salmo 145:15,16

Esperé yo a Jehová, esperó mi alma; en su palabra he esperado.

Salmo 130:5

Así que, por cuanto los hijos participaron de carne y sangre, él también participó de lo mismo, para destruir por medio de la muerte al que tenía el imperio de la muerte, esto es, al diablo,

Hebreos 3:14

Y se dirá en aquel día: He aquí, éste es nuestro Dios, le hemos esperado, y nos salvará; éste es Jehová a quien hemos esperado, nos gozaremos y nos alegraremos en su salvación.

Isaías 25:9

Qué Tiene la Biblia Para Decir En Cuanto la...

Fe

Es, pues, la fe la certeza de lo que se espera, la convicción de lo que no se ve.

Hebreos 11:1

Así que la fe es por el oír, y el oír, por la palabra de Dios.

Romanos 10:17

Digo, pues, por la gracia que me es dada, a cada cual que está entre vosotros, que no tenga más alto concepto de sí que el que debe tener, sino que piense de sí con cordura, conforme a la medida de fe que Dios repartió a cada uno.

Romanos 12:3

Puestos los ojos en Jesús, el autor y consumador de la fe, el cual por el gozo puesto delante de él sufrió la cruz, menospreciando el oprobio, y se sentó a la diestra del trono de Dios.

Hebreos 12:2

Jesús les dijo: Por vuestra poca fe; porque de cierto os digo, que si tuviereis fe como un grano de mostaza, diréis a este monte: Pásate de aquí allá, y se pasará; y nada os será imposible.

Mateo 17:20

Respondiendo Jesús, les dijo: Tened fe en Dios.

Porque de cierto os digo que cualquiera que dijere a este monte: Quítate y échate en el mar, y no dudare en su corazón, sino creyere que será hecho lo que dice, lo que diga le será hecho.

Por tanto, os digo que todo lo que pidiereis orando, creed que lo recibiréis, y os vendrá.

Marcos 11:22-24

Porque en el evangelio la justicia de Dios se revela por fe y para fe, como está escrito: Mas el justo por la fe vivirá.

Romanos 1:17

(Porque por fe andamos, no por vista);

2 Corintios 5:7

Pero sin fe es imposible agradar a Dios; porque es necesario que el que se acerca a Dios crea que le hay, y que es galardonador de los que le buscan.

Hebreos 11:6

Para que sometida a prueba vuestra fe, mucho más preciosa que el oro, el cual aunque perecedero se prueba con fuego, sea hallada en alabanza, gloria y honra cuando sea manifestado Jesucristo,

A quien amáis sin haberle visto, en quien creyendo, aunque ahora no lo veáis, os alegráis con gozo inefable y glorioso;

Obteniendo el fin de vuestra fe, que es la salvación de vuestras almas.

1 Pedro 1:7-9

Porque todo lo que es nacido de Dios vence al mundo; y ésta es la victoria que ha vencido al mundo, nuestra fe.

1 Juan 5:4

Y he aquí una mujer enferma de flujo de sangre desde hacía doce años, se le acercó por detrás y tocó el borde de su manto;

Porque decía dentro de sí: Si tocare solamente su manto, seré salva.

Pero Jesús, volviéndose y mirándola, dijo: Ten ánimo, hija; tu fe te ha salvado. Y la mujer fue salva desde aquella hora.

Mateo 9:20-22

Y llegado a la casa, vinieron a él los ciegos; y Jesús les dijo: ¿Creéis que puedo hacer esto? Ellos dijeron: Sí, Señor.

Entonces les tocó los ojos, diciendo: Conforme a vuestra fe os sea hecho.

Mateo 9:28,29

Jesús le dijo: Si puedes creer, al que cree todo le es posible.

Marcos 9:23

¿Está alguno enfermo entre vosotros? Llame a los ancianos de la iglesia, y oren por él, ungiéndole con aceite en el nombre del Señor.

Y la oración de fe salvará al enfermo, y el Señor lo levantará...

Santiago 5:14,15a

Amor

Amados, amémonos unos a otros; porque el amor es de Dios. Todo aquel que ama, es nacido de Dios, y conoce a Dios.

El que no ama, no ha conocido a Dios; porque Dios es amor.

1 Juan 4:7,8

Si yo hablase lenguas humanas y angélicas, y no tengo amor, vengo a ser como metal que resuena, o címbalo que retiñe.

Y si tuviese profecía, y entendiese todos los misterios y toda ciencia, y si tuviese toda la fe, de tal manera que trasladase los montes, y no tengo amor, nada soy.

Y si repartiese todos mis bienes para dar de comer a los pobres, y si entregase mi cuerpo para ser quemado, y no tengo amor, de nada me sirve.

El amor es sufrido, es benigno; el amor no tiene envidia, el amor no es jactancioso, no se envanece;

No es indecoroso, no busca lo suyo, no se irrita, no guarda rencor;

No se goza de la injusticia, mas se goza de la verdad.

Todo lo sufre, todo lo cree, todo lo espera, todo lo soporta.

El amor nunca deja de ser;

Y ahora permanecen la fe, la esperanza y el amor, estos tres; pero el mayor de ellos es el amor.

1 Corintios 13:1-8a,13

En esto consiste el amor: no en que nosotros hayamos amado a Dios, sino en que él nos amó a nosotros, y envió a su Hijo en propiciación por nuestros pecados.

Amados, si Dios nos ha amado así, debemos también nosotros amarnos unos a otros.

Nadie ha visto jamás a Dios. Si nos amamos unos a otros, Dios permanece en nosotros, y su amor se ha perfeccionado en nosotros.

1 Juan 4:10-12

Como el Padre me ha amado, así también yo os he amado; permaneced en mi amor.

Si guardareis mis mandamientos, permaneceréis en mi amor; así como yo he guardado los mandamientos de mi Padre, y permanezco en su amor.

Juan 15:9,10

El que tiene mis mandamientos, y los guarda, ése es el que me ama; y el que me ama, será amado por mi Padre, y yo le amaré, y me manifestaré a él.

Juan 14:21

Este es mi mandamiento: Que os améis unos a otros, como yo os he amado.

Nadie tiene mayor amor que este, que uno ponga su vida por sus amigos.

Vosotros sois mis amigos, si hacéis lo que yo os mando.

Esto os mando: Que os améis unos a otros.

Juan 15:12-14,17

Y amarás al Señor tu Dios con todo corazón, y con toda tu alma, y con toda tu mente y con todas tus fuerzas. Este es el principal mandamiento.

Y el segundo es semejante: Amarás a tu prójimo como a ti mismo. No hay otro mandamiento mayor que éstos.

Y el amarle con todo el corazón, con todo el entendimiento, con toda el alma, y con todas las fuerzas, y amar al prójimo como a uno mismo, es más que todos los holocaustos y sacrificios.

Marcos 12:30,31,33

Jesús le dijo: Vé, llama a tu marido, y ven acá.

Y nosotros tenemos este mandamiento de él. El que ama a Dios, ame también a su hermano.

1 Juan 4:16,21

Jehová se manifestó a mí hace ya mucho tiempo, diciendo: Con amor eterno te he amado; por tanto, te prolongué mi misericordia.

Jeremías 31:3

Pues el Padre mismo os ama, porque vosotros me habéis amado, y habéis creído que yo salí de Dios.

Juan 16:27

Mas Dios muestra su amor para con nosotros, en que siendo aún pecadores, Cristo murió por nosotros.

Romanos 5:8

Porque de tal manera amó Dios al mundo, que ha dado a su Hijo unigénito, para que todo aquel que en él cree, no se pierda, mas tenga vida eterna.

Juan 3:16

Por lo cual estoy seguro de que ni la muerte, ni la vida, ni ángeles, ni principados, ni potestades, ni lo presente, ni lo por venir,
Ni lo alto, ni lo profundo, ni ninguna otra cosa creada nos podrá separar del amor de Dios, que es en Cristo Jesús Señor nuestro.

Romanos 8:38,39

Un mandamiento nuevo os doy: Que os améis unos a otros; como yo os he amado, que también os améis unos a otros.
En esto conocerán todos que sois mis discípulos, si tuviereis amor los unos con los otros.

Juan 13:34,35

Eternidad

Y este es el testimonio: que Dios nos ha dado vida eterna; y esta vida está en su Hijo.

1 Juan 5:11

De cierto, de cierto os digo: El que oye mi palabra, y cree al que me envió, tiene vida eterna; y no vendrá a condenación, mas ha pasado de muerte a vida.

Juan 5:24

Porque de tal manera amó Dios al mundo, que ha dado a su Hijo unigénito, para que todo aquel que en él cree, no se pierda, mas tenga vida eterna.

Juan 3:16

De cierto, de cierto os digo: El que cree en mí, tiene vida eterna.

Juan 6:47

Yo soy el pan vivo que descendió del cielo; si alguno comiere de este pan, vivirá para siempre; y el pan que yo daré es mi carne, la cual yo daré por la vida del mundo.

Juan 6:51

Pero sabemos que el Hijo de Dios ha venido, y nos ha dado entendimiento para conocer al que es verdadero; y estamos en el verdadero, en su Hijo Jesucristo. Este es el verdadero Dios, y la vida eterna.

1 Juan 5:20

Comerán los humildes, y serán saciados; alabarán a Jehová los que le buscan; vivirá vuestro corazón para siempre.

Salmo 22:26

Conoce Jehová los días de los perfectos, y la heredad de ellos será para siempre.

Salmo 37:18

Ciertamente el bien y la misericordia me seguirán todos los días de mi vida, y en la casa de Jehová moraré por largos días.

Salmo 23:6

Pero Dios redimirá mi vida del poder del Seol, porque él me tomará consigo. Selah

Salmo 49:15

Y cuando esto corruptible se haya vestido de incorrupción, y esto mortal se haya vestido de inmortalidad, entonces se cumplirá la palabra que está escrita: Sorbida es la muerte en victoria.

¿Dónde está, oh muerte, tu aguijón?
¿Dónde, oh sepulcro, tu victoria?

1 Corintios 15:54,55

Le dijo Jesús: Yo soy la resurrección y la vida; el que cree en mí, aunque esté muerto, vivirá.

Y todo aquel que vive y cree en mí no morirá eternamente. ¿Crees esto?

Juan 11:25,26

Trabajad, no por la comida que perece, sino por la comida que a vida eterna permanece, la cual el Hijo del Hombre os dará; porque a éste señaló Dios el Padre.

Juan 6:27

Mis ovejas oyen mi voz, y yo las conozco, y me siguen,

Y yo les doy vida eterna; y no perecerán jamás, ni nadie las arrebatará de mi mano.

Juan 10:27,28

Mas el que bebiere del agua que yo le daré, no tendrá sed jamás; sino que el agua que yo le daré será en él una fuente de agua que salte para vida eterna.

Juan 4:14

Alabanza

Este pueblo he creado para mí; mis alabanzas publicará.

Isaías 43:21

Mas vosotros sois linaje escogido, real sacerdocio, nación santa, pueblo adquirido por Dios, para que anunciéis las virtudes de aquel que os llamó de las tinieblas a su luz admirable;

1 Pedro 2:9

Así que, ofrezcamos siempre a Dios, por medio de él, sacrificio de alabanza, es decir, fruto de labios que confiesan su nombre.

Hebreos 13:15

Alabad a Jah, porque es bueno cantar salmos a nuestro Dios; porque suave y hermosa es la alabanza.

Salmo 147:1

Invocaré a Jehová, quien es digno de ser alabado, y seré salvo de mis enemigos.

2 Samuel 22:4

Bendeciré a Jehová en todo tiempo; su alabanza estará de continuo en mi boca.

Salmo 34:1

Pueblos todos, batid las manos; aclamad a Dios con voz de júbilo.

Cantad a Dios, cantad; cantad a nuestro Rey, cantad;

Porque Dios es el Rey de toda la tierra; cantad con inteligencia.

Salmo 47:1,6,7

Grande es Jehová, y digno de ser en gran manera alabado en la ciudad de nuestro Dios, en su monte santo.

Salmo 48:1

El que sacrifica alabanza me honrará; y al que ordenare su camino, le mostraré la salvación de Dios.

Salmo 50:23

Porque mejor es tu misericordia que la vida; mis labios te alabarán.

Así te bendeciré en mi vida; en tu nombre alzaré mis manos.

Como de meollo y de grosura será saciada mi alma, y con labios de júbilo te alabará mi boca,

Salmo 63:3-5

Sea llena mi boca de tu alabanza, de tu gloria todo el día.

Mas yo esperaré siempre, y te alabaré más y más.

Salmo 71:8,14

Bueno es alabarte, oh Jehová, y cantar salmos a tu nombre, oh Altísimo;

Salmo 92:1

Porque grande es Jehová, y digno de suprema alabanza;

Salmo 96:4a

Alaben la misericordia de Jehová, y sus maravillas para con los hijos de los hombres.

Salmo 107:8

Pero a medianoche, orando Pablo y Silas, cantaban himnos a Dios; y los presos los oían.

Hechos 16:25

No os embriaguéis con vino, en lo cual hay disolución; antes bien sed llenos del Espíritu,

Hablando entre vosotros con salmos, con himnos y cánticos espirituales, cantando y alabando al Señor en vuestros corazones;

Dando siempre gracias por todo al Dios y Padre, en el nombre de nuestro Señor Jesucristo.

Efesios 5:18-20

CARLYN HARRIS
C. 1982 CINO

Servir a Dios

En pos de Jehová vuestro Dios andaréis; a él temeréis, guardaréis sus mandamientos y escucharéis su voz, a él serviréis, y a él seguiréis.

Deuteronomio 13:4

Ninguno puede servir a dos señores; porque o aborrecerá al uno y amará al otro, o estimará al uno y menospreciará al otro. No podéis servir a Dios y a las riquezas.

Mateo 6:24

Entonces Jesús le dijo: Vete, Satanás, porque escrito está: Al Señor tu Dios adorarás, y a él sólo servirás.

Mateo 4:10

Solamente que con diligencia cuidéis de cumplir el mandamiento y la ley que Moisés siervo de Jehová os ordenó: que améis a Jehová vuestro Dios, y andéis en todos sus caminos; que guardéis sus mandamientos, y le sigáis a él, y le sirváis de todo vuestro corazón y de toda vuestra alma.

Josué 22:5

Así que, hermanos, os ruego por las misericordias de Dios, que presentéis vuestros cuerpos en sacrificio vivo, santo, agradable a Dios, que es vuestro culto racional.

No os conforméis a este siglo, sino transformaos por medio de la renovación de vuestro entendimiento, para que comprobéis cuál sea la buena voluntad de Dios, agradable y perfecta.

Romanos 12:1,2

Amaos los unos a los otros con amor fraternal; en cuanto a honra, prefiriéndoos los unos a los otros.

En lo que requiere diligencia, no perezosos; fervientes en espíritu, sirviendo al Señor;

Compartiendo para las necesidades de los santos; practicando la hospitalidad.

Romanos 12:10,11,13

Mas a Jehová vuestro Dios serviréis, y él bendecirá tu pan y tus aguas; y yo quitaré toda enfermedad de en medio de ti.

No habrá mujer que aborte, ni estéril en tu tierra; y yo completaré el número de tus días.

Exodo 23:25,26

Ahora, pues, Israel, ¿qué pide Jehová tu Dios de ti, sino que temas a Jehová tu Dios, que andes en todos sus caminos, y que lo ames, y sirvas a Jehová tu Dios con todo tu corazón y con toda tu alma;

Deuteronomio 10:12

Si obedeciereis cuidadosamente a mis mandamientos que yo os prescribo hoy, amando a Jehová vuestro Dios, y sirviéndole con todo vuestro corazón, y con toda vuestra alma,
Yo daré la lluvia de vuestra tierra a su tiempo, la temprana y la tardía; y recogerás tu grano, tu vino y tu aceite.
Daré también hierba en tu campo para tus ganados; y comerás, y te saciarás.

Deuteronomio 11:13-15

Y si mal os parece servir a Jehová, escogeos hoy a quién sirváis; si a los dioses a quienes sirvieron vuestros padres, cuando estuvieron al otro lado del río, o a los dioses de los amorreos en cuya tierra habitáis; pero yo y mi casa serviremos a Jehová.

Josué 24:15

Y Samuel respondió al pueblo: No temáis; vosotros habéis hecho todo este mal; pero con todo eso no os apartéis de en pos de Jehová, sino servidle con todo vuestro corazón.

No os apartéis en pos de vanidades que no aprovechan ni libran, porque son vanidades.

Pues Jehová no desamparará a su pueblo, por su grande nombre; porque Jehová ha querido haceros pueblo suyo.

1 Samuel 12:20-22

Y tú, Salomón, hijo mío, reconoce al Dios de tu padre, y sírvele con corazón perfecto y con ánimo voluntario; porque Jehová escudriña los corazones de todos, y entiende todo intento de los pensamientos. Si tú le buscares, lo hallarás; mas si lo dejares, él te desechará para siempre.

1 Crónicas 28:9

Pero ahora estamos libres de la ley, por haber muerto para aquélla en que estábamos sujetos, de modo que sirvamos bajo el régimen nuevo del Espíritu y no bajo el régimen viejo de la letra.

Romanos 7:6

Cantad alegres a Dios, habitantes de toda la tierra.

Servid a Jehová con alegría; venid ante su presencia con regocijo.

Entrad por sus puertas con acción de gracias, por sus atrios con alabanza; alabadle, bendecid su nombre.

Salmo 100:1,2,4

Obediencia

He aquí yo pongo hoy delante de vosotros la bendición y la maldición:

La bendición, si oyereis los mandamientos de Jehová vuestro Dios, que yo os prescribo hoy,

Y la maldición, si no oyereis los mandamientos de Jehová vuestro Dios, y os apartareis del camino que yo os ordeno hoy, para ir en pos de dioses ajenos que no habéis conocido.

Deuteronomio 11:26-28

Y Samuel dijo: ¿Se complace Jehová tanto en los holocaustos y víctimas, como en que se obedezca a las palabras de Jehová? Ciertamente el obedecer es mejor que los sacrificios, y el prestar atención que la grosura de los carneros.

1 Samuel 15:22

¡Oh, si hubieras atendido a mis mandamientos! Fuera entonces tu paz como un río, y tu justicia como las ondas del mar.

Isaías 48:18

Mas esto les mandé, diciendo: Escuchad mi voz, y seré a vosotros por Dios, y vosotros me seréis por pueblo; y andad en todo camino que os mande, para que os vaya bien.

Jeremías 7:23

Si me amáis, guardad mis mandamientos.

El que tiene mis mandamientos, y los guarda, ése es el que me ama; y el que me ama, será amado por mi Padre, y yo le amaré, y me manifestaré a él.

Juan 14:15,21

Respondiendo Pedro y los apóstoles, dijeron: Es necesario obedecer a Dios antes que a los hombres.

Hechos 5:29

Y en esto sabemos que nosotros le conocemos, si guardamos sus mandamientos.

El que dice: Yo le conozco, y no guarda sus mandamientos, el tal es mentiroso, y la verdad no está en él.

Pero el que guarda su palabra, en éste verdaderamente el amor de Dios se ha perfeccionado; por esto sabemos que estamos en él.

El que dice que permanece en él, debe andar como él anduvo.

1 Juan 2:3-6

Y si anduvieres en mis caminos, guardando mis estatutos y mis mandamientos, como anduvo David tu padre, yo alargaré tus días.

1 Reyes 3:14

Enséñame a hacer tu voluntad, porque tú eres mi Dios; tu buen espíritu me guíe a tierra de rectitud.

Salmo 143:10

Llamó Moisés a todo Israel y les dijo: Oye, Israel, los estatutos y decretos que yo pronuncio hoy en vuestros oídos; aprendedlos, y guardadlos, para ponerlos por obra.

Mirad, pues, que hagáis como Jehová vuestro Dios os ha mandado; no os apartéis a diestra ni a siniestra.

Andad en todo el camino que Jehová vuestro Dios os ha mandado, para que viváis y os vaya bien, y tengáis largos días en la tierra que habéis de poseer.

Deuteronomio 5:1,32,33

Siervos, obedeced en todo a vuestros amos terrenales, no sirviendo al ojo, como los que quieren agradar a los hombres, sino con corazón sincero, temiendo a Dios.

Y todo lo que hagáis, hacedlo de corazón, como para el Señor y no para los hombres;

Sabiendo que del Señor recibiréis la recompensa de la herencia, porque a Cristo el Señor servís.

Colosenses 3:22-24

Por causa del Señor someteos a toda institución humana, ya sea al rey, como a superior,

Ya a los gobernadores, como por él enviados para castigo de los malhechores y alabanza de los que hacen bien.

Porque esta es la voluntad de Dios: que haciendo bien, hagáis callar la ignorancia de los hombres insensatos;

Como libres, pero no como los que tienen la libertad como pretexto para hacer lo malo, sino como siervos de Dios.

Honrad a todos. Amad a los hermanos. Temed a Dios. Honrad al rey.

Criados, estad sujetos con todo respeto a vuestros amos; no solamente a los buenos y afables, sino también a los difíciles de soportar.

Porque esto merece aprobación, si alguno a causa de la conciencia delante de Dios, sufre molestias padeciendo injustamente.

Pues ¿qué gloria es, si pecando sois abofeteados, y los soportáis? Mas si haciendo lo bueno sufrís, y lo soportáis, esto ciertamente es aprobado delante de Dios.

1 Pedro 2:13-20

Hijos, obedeced en el Señor a vuestros padres, porque esto es justo.

Efesios 6:1

Hijos, obedeced a vuestros padres en todo, porque esto agrada al Señor.

Padres, no exasperéis a vuestros hijos, para que no se desalienten.

Siervos, obedeced en todo a vuestros amos terrenales, no sirviendo al ojo, como los que quieren agradar a los hombres, sino con corazón sincero, temiendo a Dios.

Y todo lo que hagáis, hacedlo de corazón, como para el Señor y no para los hombres;

Sabiendo que del Señor recibiréis la recompensa de la herencia, porque a Cristo el Señor servís.

Colosenses 3:20-24

La Mente Carnal

Porque el ocuparse de la carne es muerte, pero el ocuparse del Espíritu es vida y paz.

Por cuanto la mente carnal es enemistad contra Dios; porque no se sujeta a la ley de Dios, ni tampoco puede;

Y los que viven según la carne no pueden agradar a Dios.

Romanos 8:6-8

Porque el que siembra para su carne, de la carne segará corrupción; mas el que siembra para el Espíritu, del Espíritu segará vida eterna.

Gálatas 6:8

¡Oh almas adúlteras! ¿No sabéis que la amistad del mundo es enemistad contra Dios? Cualquiera, pues, que quiera ser amigo del mundo, se constituye enemigo de Dios.

Santiago 4:4

Hay camino que al hombre le parece derecho; pero su fin es camino de muerte.

Proverbios 14:12

Porque por ahí andan muchos, de los cuales os dije muchas veces, y aun ahora lo digo llorando, que son enemigos de la cruz de Cristo;

El fin de los cuales será perdición, cuyo dios es el vientre, y cuya gloria es su vergüenza; que sólo piensan en lo terrenal.

Filipenses 3:18,19

Pero la que se entrega a los placeres, viviendo está muerta.

1 Timoteo 5:6

Ninguno que milita se enreda en los negocios de la vida, a fin de agradar a aquél que lo tomó por soldado.

Huye también de las pasiones juveniles, y sigue la justicia, la fe, el amor y la paz, con los que de corazón limpio invocan al Señor.

2 Timoteo 2:4,22

Porque habrá hombres amadores de sí mismos, avaros, vanagloriosos, soberbios, blasfemos, desobedientes a los padres, ingratos, impíos,

Sin afecto natural, implacables, calumniadores, intemperantes, crueles, aborrecedores de lo bueno,

Traidores, impetuosos, infatuados, amadores de los deleites más que de Dios,

Que tendrán apariencia de piedad, pero negarán la eficacia de ella; a éstos evita.

Porque de éstos son los que se meten en las casas y llevan cautivas a las mujercillas cargadas de pecados, arrastradas por diversas concupiscencias.

Estas siempre están aprendiendo, y nunca pueden llegar al conocimiento de la verdad.

2 Timoteo 3:2-7

Amados, yo os ruego como a extranjeros y peregrinos, que os abstengáis de los deseos carnales que batallan contra el alma,

1 Pedro 2:11

No améis al mundo, ni las cosas que están en el mundo. Si alguno ama al mundo, el amor del Padre no está en él.

Porque todo lo que hay en el mundo, los deseos de la carne, los deseos de los ojos, y la vanagloria de la vida, no proviene del Padre, sino del mundo.

Y el mundo pasa, y sus deseos; pero el que hace la voluntad de Dios permanece para siempre.

1 Juan 2:15-17

Así que, hermanos, os ruego por las misericordias de Dios, que presentéis vuestros cuerpos en sacrificio vivo, santo, agradable a Dios, que es vuestro culto racional.

No os conforméis a este siglo, sino transformaos por medio de la renovación de vuestro entendimiento, para que comprobéis cuál sea la buena voluntad de Dios, agradable y perfecta.

Romanos 12:1,2

Haya, pues, en vosotros este sentir que hubo también en Cristo Jesús,

Filipenses 2:5

Tú guardarás en completa paz a aquél cuyo pensamiento en ti persevera; porque en ti ha confiado.

Isaías 26:3

Poned la mira en las cosas de arriba, no en las de la tierra.

Haced morir, pues, lo terrenal en vosotros: fornicación, impureza, pasiones desordenadas, malos deseos y avaricia, que es idolatría;

Colosenses 3:2,5

Por lo demás, hermanos, todo lo que es verdadero, todo lo honesto, todo lo justo, todo lo puro, todo lo amable, todo lo que es de buen nombre; si hay virtud alguna, si algo digno de alabanza, en esto pensad.

Filipenses 4:8

La Gracia de Dios

Y con gran poder los apóstoles daban testimonio de la resurrección del Señor Jesús, y abundante gracia era sobre todos ellos.

Hechos 4:33

Y hallarás gracia y buena opinión ante los ojos de Dios y de los hombres.

Proverbios 3:4

Porque sol y escudo es Jehová Dios; gracia y gloria dará Jehová. No quitará el bien a los que andan en integridad.

Salmo 84:11

Y Jehová dijo a Moisés: También haré esto que has dicho, por cuanto has hallado gracia en mis ojos, y te he conocido por tu nombre.

Exodo 33:17

Vida y misericordia me concediste, y tu cuidado guardó mi espíritu.

Job 10:12

Porque tú, oh Jehová, bendecirás al justo: como con un escudo lo rodearás de tu favor.

Salmo 5:12

Porque tú, Jehová, con tu favor me afirmaste como monte fuerte. Escondiste tu rostro, fuí turbado.

Salmo 30:7

Jehová se acordó de nosotros; nos bendecirá; bendecirá a la casa de Israel; bendecirá a la casa de Aarón.

Bendecirá a los que temen a Jehová, a pequeños y a grandes.

Salmo 115:12,13

Porque el que me halle, hallará la vida, y alcanzará el favor de Jehová.

Proverbios 8:35

Hay bendiciones sobre la cabeza del justo; pero violencia cubrirá la boca de los impíos.

La bendición de Jehová es la que enriquece, y no añade tristeza con ella.

Lo que el impío teme, eso le vendrá; pero a los justos les será dado lo que desean.

Proverbios 10:6,22,24

Los necios se mofan del pecado; mas entre los rectos hay buena voluntad.

Proverbios 14:9

Y extranjeros edificarán tus muros, y sus reyes te servirán; porque en mi ira te castigué, mas en mi buena voluntad tendré de ti misericordia.

Isaías 60:10

Porque todas estas cosas padecemos por amor a vosotros, para que abundando la gracia por medio de muchos, la acción de gracias sobreabunde para gloria de Dios.

2 Corintios 4:15

Para alabanza de la gloria de su gracia, con la cual nos hizo aceptos en el Amado,

Efesios 1:6

Acerquémonos, pues, confiadamente al trono de la gracia, para alcanzar misericordia y hallar gracia para el oportuno socorro.

Hebreos 4:16

Espíritu Santo

¿O ignoráis que vuestro cuerpo es templo del Espíritu Santo, el cual está en vosotros, el cual tenéis de Dios, y que no sois vuestros?

1 Corintios 6:19

Y la esperanza no avergüenza; porque el amor de Dios ha sido derramado en nuestros corazones por el Espíritu Santo que nos fue dado.

Romanos 5:5

Y yo rogaré al Padre, y os dará otro Consolador, para que esté con vosotros para siempre:

El Espíritu de verdad, al cual el mundo no puede recibir, porque no le ve, ni le conoce; pero vosotros le conocéis, porque mora con vosotros, y estará en vosotros.

Juan 14:16,17

Pero yo os digo la verdad: Os conviene que yo me vaya; porque si no me fuere, el Consolador no vendría a vosotros; mas si me fuere, os lo enviaré.

Pero cuando venga el Espíritu de verdad, él os guiará a toda la verdad; porque no hablará por su propia cuenta, sino que hablará todo lo que oyere, y os hará saber las cosas que habrán de venir.

Juan 16:7,13

Yo a la verdad os bautizo en agua para arrepentimiento; pero el que viene tras mí, cuyo calzado yo no soy digno de llevar, es más poderoso que yo; él os bautizará en Espíritu Santo y fuego.

Mateo 3:11

El que cree en mí, como dice la Escritura, de su interior correrán ríos de agua viva.

Esto dijo del Espíritu que habían de recibir los que creyesen en él; pues aún no había venido el Espíritu Santo, porque Jesús no había sido aún glorificado.

Juan 7:38,39

¿Qué padre de vosotros, si su hijo le pide pan, le dará una piedra? ¿o si pescado, en lugar de pescado, le dará una serpiente?

Lucas 11:13

Y después de esto derramaré mi Espíritu sobre toda carne, y profetizarán vuestros hijos y vuestras hijas; vuestros ancianos soñarán sueños, y vuestros jóvenes verán visiones.

Joel 2:28

Y estando juntos, les mandó que no se fueran de Jerusalén , sino que esperasen la promesa del Padre, la cual, les dijo, oísteis de mí.

Porque Juan ciertamente bautizó con agua, mas vosotros seréis bautizados con el Espíritu Santo dentro de no muchos días.

Pero recibiréis poder, cuando haya venido sobre vosotros el Espíritu Santo, y me seréis testigos en Jerusalén, en toda Judea, en Samaria, y hasta lo último de la tierra.

Hechos 1:4,5,8

Y fueron todos llenos del Espíritu Santo, y comenzaron a hablar en otras lenguas, según el Espíritu les daba que hablasen.

Hechos 2:4

Pedro les dijo: Arrepentíos, y bautícese cada uno de vosotros en el nombre de Jesucristo para perdón de los pecados; y recibiréis el don del Espíritu Santo.

Hechos 2:38

Cuando hubieron orado, el lugar en que estaban congregados tembló; y todos fueron llenos del Espíritu Santo, y hablaban con denuedo la palabra de Dios.

Hechos 4:31

No os embriaguéis con vino, en lo cual hay disolución; antes bien sed llenos del Espíritu,

Efesios 5:18

También creyó Simón mismo, y habiéndose bautizado, estaba siempre con Felipe; y viendo las señales y grandes milagros que se hacían, estaba atónito.

Cuando los apóstoles que estaban en Jerusalén oyeron que Samaria había recibido la palabra de Dios, enviaron allá a Pedro y a Juan;

Los cuales, habiendo venido, oraron por ellos para que recibiesen el Espíritu Santo;

Porque aún no había descendido sobre ninguno de ellos, sino que solamente habían sido bautizados en el nombre de Jesús.

Entonces les imponían las manos y recibían el Espíritu Santo.

Hechos 8:14-17

Mientras aún hablaba Pedro estas palabras, el Espíritu Santo cayó sobre todos los que oían el discurso.

Y los fieles de la circuncisión que habían venido con Pedro se quedaron atónitos de que también sobre los gentiles se derramase el don del Espíritu Santo.

Porque los oían que hablaban en lenguas, y que magnificaban a Dios.

Hechos 10:44-46a

Les dijo: ¿Recibisteis el Espíritu Santo cuando creísteis? Y ellos le dijeron: Ni siquiera hemos oído si hay Espíritu Santo.

Entonces dijo: ¿En qué, pues, fuisteis bautizados? Ellos dijeron: En el bautismo de Juan.

Dijo Pablo: Juan bautizó con bautismo de arrepentimiento, diciendo al pueblo que creyesen en aquel que vendría después de él, esto es, en Jesús el Cristo.

Cuando oyeron esto, fueron bautizados en el nombre del Señor Jesús.

Y habiéndoles impuesto Pablo las manos, vino sobre ellos el Espíritu Santo; y hablaban en lenguas, y profetizaban.

Hechos 19:2-6

La Fidelidad de Dios

Bien has hecho con tu siervo, oh Jehová, conforme a tu palabra.

Salmo 119:65

Fiel es el que os llama, el cual también lo hará.

1 Tesalonicenses 5:24

Porque esto me será como en los días de Noé, cuando juré que nunca más las aguas de Noé pasarían sobre la tierra, así he jurado que no me enojaré contra ti, ni te reñiré.

Porque los montes se moverán, y los collados temblarán, pero no se apartará de ti mi misericordia, ni el pacto de mi paz se quebrantará, dijo Jehová, el que tiene misericordia de ti.

Isaías 54:9,10

Estará el arco en las nubes, y lo veré, y me acordaré del pacto perpetuo entre Dios y todo ser viviente, con toda carne que hay sobre la tierra.

Génesis 9:16

He aquí, yo estoy contigo, y te guardaré por dondequiera que fueres, y volveré a traerte a esta tierra; porque no te dejaré hasta que haya hecho lo que te he dicho.

Génesis 28:15

Sino por cuanto Jehová os amó, y quiso guardar el juramento que juró a vuestros padres, os ha sacado Jehová con mano poderosa, y os ha rescatado de servidumbre, de la mano de Faraón rey de Egipto.

Conoce, pues, que Jehová tu Dios es Dios, Dios fiel, que guarda el pacto y la misericordia a los que le aman y guardan sus mandamientos hasta mil generaciones;

Deuteronomio 7:8,9

Y he aquí que yo estoy para entrar hoy por el camino de toda la tierra; reconoced, pues, con todo vuestro corazón y con toda vuestra alma, que no ha faltado una palabra de todas las buenas palabras que Jehová vuestro Dios había dicho de vosotros; todas os han acontecido, no ha faltado ninguna de ellas.

Josué 23:14

Bendito sea Jehová, que ha dado paz a su pueblo Israel, conforme a todo lo que él había dicho; ninguna palabra de todas sus promesas que expresó por Moisés su siervo, ha faltado.

1 Reyes 8:56

Jehová, hasta los cielos llega tu misericordia, y tu fidelidad alcanza hasta las nubes.

Salmo 36:5

Las misericordias de Jehová cantaré perpetuamente; de generación en generación haré notoria tu fidelidad con mi boca.

Porque dije: Para siempre será edificada misericordia; en los cielos mismos afirmarás tu verdad.

Mas no quitaré de él mi misericordia, ni falsearé mi verdad.

No olvidaré mi pacto, ni mudaré lo que ha salido de mis labios.

Salmo 89:1,2,33,34

No dará tu pie al resbaladero, ni se dormirá el que te guarda.

He aquí, no se adormecerá ni dormirá el que guarda a Israel.

Salmo 121:3,4

Fiel es Dios, por el cual fuisteis llamados a la comunión con su Hijo Jesucristo nuestro Señor.

1 Corintios 1:9

No os ha sobrevenido ninguna tentación que no sea humana; pero fiel es Dios, que no os dejará ser tentados más de lo que podéis resistir, sino que dará también juntamente con la tentación la salida, para que podáis soportar.

1 Corintios 10:13

El Señor no retarda su promesa, según algunos la tienen por tardanza, sino que es paciente para con nosotros, no queriendo que ninguno perezca, sino que todos procedan al arrepentimiento.

2 Pedro 3:9

Si fuéremos infieles, él permanece fiel; el no puede negarse a sí mismo.

Pero el fundamento de Dios está firme, teniendo este sello: Conoce el Señor a los que son suyos; y: Apártese de iniquidad todo aquel que invoca él nombre de Cristo.

2 Timoteo 2:13,19

La Iglesia

De reunir todas las cosas en Cristo, en la dispensación del cumplimiento de los tiempos así las que están en los cielos, como las que están en la tierra.

Y sometió todas las cosas bajo sus pies, y lo dio por cabeza sobre todas las cosas a la iglesia,

La cual es su cuerpo, la plenitud de Aquel que todo lo llena en todo.

Efesios 1:10,22,23

El cual nos ha librado de la potestad de las tinieblas, y trasladado al reino de su amado Hijo,

Y él es la cabeza del cuerpo que es la iglesia, él que es el principio, el primogénito de entre los muertos, para que en todo tenga la preeminencia;

Colosenses 1:13,18

El les dijo: Y vosotros, ¿quién decís que soy yo?

Respondiendo Simón Pedro, dijo: Tú eres el Cristo, el Hijo del Dios viviente.

Entonces le respondió Jesús: Bienaventurado eres, Simón, hijo de Jonás, porque no te lo reveló carne ni sangre, sino mi Padre que está en los cielos.

Y yo también te digo, que tú eres Pedro, y sobre esta roca edificaré mi iglesia; y las puertas del Hades no prevalecerán contra ella.

Mateo 16:15-18

Edificados sobre el fundamento de los apóstoles y profetas, siendo la principal piedra del ángulo Jesucristo mismo,

En quien todo el edificio, bien coordinado, va creciendo para ser un templo santo en el Señor;

En quien vosotros también sois juntamente edificados para morada de Dios en el Espíritu.

Efesios 2:20-22

De quien toma nombre toda familia en los cielos y en la tierra.

A él sea gloria en la iglesia en Cristo Jesús por todas las edades, por los siglos de los siglos. Amén.

Efesios 3:15,21

Porque el marido es cabeza de la mujer, así como Cristo es cabeza de la iglesia, la cual es su cuerpo, y él es su Salvador.

Así que, como la iglesia está sujeta a Cristo, así también las casadas lo estén a sus maridos en todo.

Maridos, amad a vuestras mujeres, así como Cristo amó a la iglesia, y se entregó a sí mismo por ella,

Para santificarla, habiéndola purificado en el lavamiento del agua por la palabra.

A fin de presentársela a sí mismo, una iglesia gloriosa, que no tuviese mancha ni arruga ni cosa semejante, sino que fuese santa y sin mancha.

Porque nadie aborreció jamás a su propia carne, sino que la sustenta y la cuida, como también Cristo a la iglesia.

Efesios 5:23-27,29

Y vosotros estáis completos en él, que es la cabeza de todo principado y potestad.

Y no asiéndose de la Cabeza, en virtud de quien todo el cuerpo, nutriéndose y uniéndose por las coyunturas y ligamentos, crece con el crecimiento que da Dios.

Colosenses 2:10,19

Porque de la manera que en un cuerpo tenemos muchos miembros, pero, no todos los miembros tienen la misma función,

Así nosotros, siendo muchos, somo un cuerpo en Cristo, y todos miembros los unos de los otros.

Romanos 12:4,5

Porque así como el cuerpo es uno, y tiene muchos miembros, pero todos los miembros del cuerpo, siendo muchos, son un solo cuerpo, así también Cristo.

Porque por un solo Espíritu fuimos todos bautizados en un cuerpo, sean judíos o griegos, sean esclavos o libres; y a todos se nos dio a beber de un mismo Espíritu.

Además, el cuerpo no es un solo miembro, sino muchos.

Si dijere el pie: Porque no soy mano, no soy del cuerpo, ¿por eso no será del cuerpo?

Y si dijere la oreja: Porque no soy ojo, no soy del cuerpo, ¿por eso no será del cuerpo?

Si todo el cuerpo fuese ojo, ¿dónde estaría el oído? Si todo fuese oído, ¿dónde estaría el olfato?

Mas ahora Dios ha colocado los miembros cada uno de ellos en el cuerpo, como él quiso.

Porque si todos fueran un solo miembro, ¿dónde estaría el cuerpo?

Pero ahora son muchos los miembros, pero el cuerpo es uno solo.

Ni el ojo puede decir a la mano: No te necesito, ni tampoco la cabeza a los pies: No tengo necesidad de vosotros.

Antes bien los miembros del cuerpo que parecen más débiles, son los más necesarios;

Y a aquellos del cuerpo que nos parecen menos dignos, a éstos vestimos más dignamente; y los que en nosotros son menos decorosos, se tratan con más decoro.

Porque los que en nosotros son más decorosos, no tienen necesidad; pero Dios ordenó el cuerpo, dando más abundante honor al que le faltaba,

Para que no haya desavenencia en el cuerpo, sino que los miembros todos se preocupen los unos por los otros.

De manera que si un miembro padece, todos los miembros se duelen con él, y si un miembro recibe honra, todos los miembros con él se gozan.

Vosotros, pues, sois el cuerpo de Cristo, y miembros cada uno en particular.

Y a unos puso Dios en la iglesia, primeramente apóstoles, luego profetas, lo tercero maestros, luego los que hacen milagros, después los que sanan, los que ayudan, los que administran, los que tienen don de lenguas.

1 Corintios 12:12-28

Os rogamos, hermanos, que reconozcáis a los que trabajan entre vosotros; y os presiden en el Señor, y os amonestan;

Y que los tengáis en mucha estima y amor por causa de su obra. Tened paz entre vosotros.

1 Tesalonicenses 5:12,13

Acordaos de vuestros pastores, que os hablaron la palabra de Dios; considerad cuál haya sido el resultado de su conducta, e imitad su fe.

Obedeced a vuestros pastores, y sujetaos a ellos; porque ellos velan por vuestras almas; como quienes han de dar cuenta; para que lo hagan con alegría, y no quejándose, porque esto no os es provechoso.

Hebreos 13:7,17

Y él mismo constituyó a unos, apóstoles; a otros, profetas; a otros, evangelistas; a otros, pastores y maestros,

A fin de perfeccionar a los santos para la obra del ministerio, para la edificación del cuerpo de Cristo,

Efesios 4:11,12

Así que, los que recibieron su palabra fueron bautizados; y se añadieron aquel día como tres mil personas.

Y perserveraban en la doctrina de los apóstoles, en la comunión unos con otros, en el partimiento del pan y en las oraciones.

Y sobrevino temor a toda persona; y muchas maravillas y señales eran hechas por los apóstoles.

Todos los que habían creído estaban juntos, y tenían en común todas las cosas;

Y vendían sus propiedades y sus bienes, y lo repartían a todos según la necesidad de cada uno.

Y perseverando unánimes cada día en el templo, y partiendo el pan en las casas, comían juntos con alegría y sencillez de corazón.

Alabando a Dios, y teniendo favor con todo el pueblo. Y el Señor añadía cada día a la iglesia los que habían de ser salvos.

Hechos 2:41-47

¡Mirad cuán bueno y cuán delicioso es habitar los hermanos juntos en armonía!

Salmo 133:1

Mayordomía

¿Robará el hombre a Dios? Pues vosotros me habéis robado. Y dijisteis: ¿En qué te hemos robado? En vuestros diezmos y ofrendas.

Malditos sois con maldición, porque vosotros, la nación toda, me habéis robado.

Traed todos los diezmos al alfolí y haya alimento en mi casa; y probadme ahora en esto, dice Jehová de los ejércitos, si no os abriré las ventanas de los cielos, y derramaré sobre vosotros bendición hasta que sobreabunde.

Reprenderé también por vosotros al devorador, y no os destruirá el fruto de la tierra, ni vuestra vid en el campo será estéril. dice Jehová de los ejércitos.

Y todas las naciones os dirán bienaventurados; porque seréis tierra deseable, dice Jehová de los ejércitos.

Malaquías 3:8-12

En cuanto a la ofrenda para los santos, haced vosotros también de la manera que ordené en las iglesias de Galacia.

Cada primer día de la semana cada uno de vosotros ponga aparte algo, según haya prosperado,

1 Corintios 16:1,2a

Pero esto digo: El que siembra escasamente, también segará escasamente; y el que siembra generosamente, generosamente también segará.

Cada uno dé como propuso en su corazón: no con tristeza, ni por necesidad, porque Dios ama al dador alegre.

Y poderoso es Dios para hacer que abunde en vosotros toda gracia, a fin de que, teniendo siempre en todas las cosas todo lo suficiente, abundéis para toda buena obra;

2 Corintios 9:6-8

Y todo lo que hagáis, hacedlo de corazón, como para el Señor y no para los hombres;

Sabiendo que del Señor recibiréis la recompensa de la herencia, porque a Cristo el Señor servís.

Colosenses 3:23,24

Sino haceos tesoros en el cielo, donde ni la polilla ni el orín corrompen, y donde ladrones no minan ni hurtan.

Porque donde esté vuestro tesoro, allí estará también vuestro corazón

Mateo 6:20,21

Dad, y se os dará; medida buena, apretada, remecida y rebosando darán en vuestro regazo; porque con la misma medida con que medís, os volverán a medir.

Lucas 6:38

Amado, yo deseo que tú seas prosperado en todas las cosas, y que tengas salud, así como prospera tu alma.

3 Juan 2

Mas buscad primeramente el reino de Dios y su justicia, y todas estas cosas os serán añadidas.

Mateo 6:33

Y cualquiera que haya dejado casas, o hermanos, o hermanas, o padre, o madre, o mujer, o hijos, o tierras, por mi nombre, recibirá cien veces más, y heredará la vida eterna.

Mateo 19:29

Sanad enfermos, limpiad leprosos, resucitad muertos, echad fuera demonios; de gracia recibisteis, dad de gracia.

Mateo 10:8

Y vendrán sobre ti todas estas bendiciones, y te alcanzarán, si oyeres la voz de Jehová tu Dios.

Bendito serás tú en la ciudad, y bendito tú en el campo.

Bendito el fruto de tu vientre, el fruto de tu tierra, el fruto de tus bestias, la cría de tus vacas y los rebaños de tus ovejas.

Benditas serán tu canasta y tu artesa de amasar.

Bendito serás en tu entrar, y bendito en tu salir.

Jehová derrotará a tus enemigos que se levantaren contra ti; por un camino saldrán contra ti, y por siete caminos huirán de delante de ti.

Jehová te enviará su bendición sobre tus graneros, y sobre todo aquello en que pusieres tu mano; y te bendecirá en la tierra que Jehová tu Dios te da.

Y te hará Jehová sobreabundar en bienes, en el fruto de tu vientre, en el fruto de tu bestia, y en el fruto de tu tierra, en el país que Jehová juró a tus padres que te había de dar

Te abrirá Jehová su buen tesoro, el cielo, para enviar la lluvia a tu tierra en su tiempo, y para bendecir toda obra de tus manos. Y prestarás a muchas naciones, y tú no pedirás prestado.

Deuteronomio 28: 2-8,11,12

Guardaréis, pues, las palabras de este pacto, y las pondréis por obra, para que prosperéis en todo lo que hiciereis.

Deuteronomio 29:9

Entonces serás prosperado, si cuidares de poner por obra los estatutos y decretos que Jehová mandó a Moisés para Israel.

1 Crónicas 22:13a

Si oyeren, y le sirvieren, acabarán sus días en bienestar, y sus años en dicha.

Job 36:11

Hay quienes reparten, y les es añadido más; y hay quienes retienen más de lo que es justo, pero vienen a pobreza.

El alma generosa será prosperada; y el que saciare, él también será saciado.

Proverbios 11:24,25

Respondió Jesús y dijo: De cierto os digo que no hay ninguno que haya dejado casa, o hermanos, o hermanas, o padre, o madre, o mujer, o hijos, o tierras, por causa de mí y del evangelio,

Que no reciba cien veces más ahora en este tiempo; casas, hermanos, hermanas, madres, hijos, y tierras, con persecuciones; y en el siglo venidero la vida eterna.

Marcos 10:29,30

Nunca se apartará de tu boca este libro de la ley, sino que de día y de noche meditarás en él, para que guardes y hagas conforme a todo lo que en él está escrito; porque entonces harás prosperar tu camino, y todo te saldrá bien.

Josué 1:8

Satanás

Sed sobrios, y velad; porque vuestro adversario el diablo, como león rugiente, anda alrededor buscando a quien devorar;

Al cual resistid firmes en la fe,

1 Pedro 5:8,9a

Someteos, pues, a Dios; resistid al diablo, y huirá de vosotros.

Santiago 4:7

Por lo demás, hermanos míos, fortaleceos en el Señor, y en el poder de su fuerza.

Vestíos de toda la armadura de Dios, para que podáis estar firmes contra las asechanzas del diablo.

Porque no tenemos lucha contra sangre y carne, sino contra principados, contra potestades, contra los gobernadores de las tinieblas de este siglo, contra huestes espirituales de maldad en las regiones celestes.

Por tanto, tomad toda la armadura de Dios, para que podáis resistir en el día malo, y habiendo acabado todo, estar firmes.

Estad, pues, firmes, ceñidos vuestros lomos con la verdad, y vestidos con la coraza de justicia,

Y calzados los pies con el apresto del evangelio de la paz.

Sobre todo, tomad el escudo de la fe, con que podáis apagar todos los dardos de fuego del maligno.

Y tomad el yelmo de la salvación, y la espada del Espíritu, que es la palabra de Dios;

Orando en todo tiempo con toda oración y súplica en el Espíritu, y velando en ello con toda perseverancia y súplica por todos los santos;

Efesios 6:10-18

Pero vemos a aquel que fue hecho un poco menor que los ángeles, a Jesús, coronado de gloria y de honra, a causa del padecimiento de la muerte, para que por la gracia de Dios gustase la muerte por todos.

Así que, por cuanto los hijos participaron de carne y sangre, él también participó de lo mismo, para destruir por medio de la muerte al que tenía el imperio de la muerte, esto es, al diablo,

Y librar a todos los que por el temor de la muerte estaban durante toda la vida sujetos a servidumbre.

Porque ciertamente no socorrió a los ángeles, sino que socorrió a la descendencia de Abraham.

Hebreos 2:9,14,15

Y vosotros estáis completos en él, que es la cabeza de todo principado y potestad.

Y despojando a los principados y a las potestades, los exhibió públicamente, triunfando sobre ellos en la cruz.

Colosenses 2:10,15

El cual nos ha librado de la potestad de las tinieblas, y trasladado al reino de su amado Hijo,

Colosenses 1:13

Y ellos le han vencido por medio de la sangre del Cordero y de la palabra del testimonio de ellos, y menospreciaron sus vidas hasta la muerte.

Apocalipsis 12:11

Amados, no creáis a todo espíritu, sino probad los espíritus si son de Dios; porque muchos falsos profetas han salido por el mundo.

En esto conoced el Espíritu de Dios: Todo espíritu que confiesa que Jesucristo ha venido en carne, es de Dios;

Y todo espíritu que no confiesa que Jesucristo ha venido en carne, no es de Dios; y este es el espíritu del anticristo, el cual vosotros habéis oído que viene, y que ahora ya está en el mundo.

Hijitos, vosotros sois de Dios, y los habéis vencido; porque mayor es el que está en vosotros, que el que está en el mundo.

1 Juan 4:1-4

Volvieron los setenta con gozo, diciendo: Señor, aun los demonios se nos sujetan en tu nombre.

Y les dijo: Yo veía a Satanás caer del cielo como un rayo.

He aquí os doy potestad de hollar serpientes y escorpiones, y sobre toda fuerza del enemigo, y nada os dañará.

Lucas 10:17-19

Y estas señales seguirán a los que creen: En mi nombre echarán fuera demonios; hablarán nuevas lenguas;

Tomarán en las manos serpientes, y si bebieren cosa mortífera, no les hará daño; sobre los enfermos pondrán sus manos, y sanarán.

Marcos 16:17,18

Pero si yo por el Espíritu de Dios echo fuera los demonios, ciertamente ha llegado a vosotros el reino de Dios.

Porque ¿cómo puede alguno entrar en la casa del hombre fuerte, y saquear sus bienes, si primero no le ata? Y entonces podrá saquear su casa.

Mateo 12:28,29

Pues aunque andamos en la carne, no militamos según la carne;

Porque las armas de nuestra milicia no son carnales, sino poderosas en Dios para la destrucción de fortalezas,

Refutando argumentos, y toda altivez que se levanta contra el conocimiento de Dios, y llevando cautivo todo pensamiento a la obediencia a Cristo.

2 Corintios 10:3-5

Torre fuerte es el nombre de Jehová; a él correrá el justo, y será levantado.

Proverbios 18:10

El que practica el pecado es del diablo; porque el diablo peca desde el principio. Para esto apareció el Hijo de Dios, para deshacer las obras del diablo.

1 Juan 3:8

Y el Dios de paz aplastará en breve a Satanás bajo vuestros pies. La gracia de nuestro Señor Jesucristo sea con vosotros.

Romanos 16:20

Os escribo a vosotros, padres, porque conocéis al que es desde el principio. Os escribo a vosotros, jóvenes, porque habéis vencido al maligno. Os escribo a vosotros, hijitos, porque habéis conocido al Padre.

Os he escrito a vosotros, padres, porque habéis conocido al que es desde el principio. Os he escrito a vosotros, jóvenes, porque sois fuertes, y la palabra de Dios permanece en vosotros, y habéis vencido al maligno.

1 Juan 2:13,14

El Retorno de Cristo

Tampoco queremos, hermanos, que ignoréis acerca de los que duermen, para que no os entristezcáis como los otros que no tienen esperanza.

Porque si creemos que Jesús murió y resucitó, así también traerá Dios con Jesús a los que durmieron en él.

Por lo cual os decimos esto en palabra del Señor: que nosotros que vivimos, que habremos quedado hasta la venida del Señor, no precederemos a los que durmieron.

Porque el Señor mismo con voz de mando, con voz de arcángel, y con trompeta de Dios, descenderá del cielo; y los muertos en Cristo resucitarán primero.

Luego nosotros los que vivimos, los que hayamos quedado, seremos arrebatados juntamente con ellos en las nubes para recibir al Señor en el aire, y así estaremos siempre con el Señor.

Por tanto, alentaos los unos a los otros con estas palabras.

1 Tesalonicenses 4:13-18

He aquí, os digo un misterio: No todos dormiremos; pero todos seremos transformados,

En un momento, en un abrir y cerrar de ojos, a la final trompeta; porque se tocará la trompeta, y los muertos serán resucitados incorruptibles, y nosotros seremos transformados.

Porque es necesario que esto corruptible se vista de incorrupción, y esto mortal se vista de inmortalidad.

Y cuando esto corruptible se haya vestido de incorrupción, y esto mortal se haya vestido de inmortalidad, entonces se cumplirá la palabra que está escrita: Sorbida es la muerte en victoria.

¿Dónde está, oh muerte, tu aguijón? ¿Dónde, oh sepulcro, tu victoria?

Ya que el aguijón de la muerte es el pecado, y el poder del pecado, la ley.

Mas gracias sean dadas a Dios, que nos da la victoria por medio de nuestro Señor Jesucristo.

1 Corintios 15:51-57

Los cuales también les dijeron: Varones galileos, ¿por qué estáis mirando al cielo? Este mismo Jesús, que ha sido tomado de vosotros al cielo, así vendrá como le habéis visto ir al cielo.
Hechos 1:11

Aguardando la esperanza bienaventurada y la manifestación gloriosa de nuestro gran Dios y Salvador Jesucristo,

Tito 2:13

Sabiendo primero esto, que en los postreros días vendrán burladores, andando según sus propias concupiscencias,

Y diciendo: ¿Dónde está la promesa de su advenimiento? Porque desde el día en que los padres durmieron, todas las cosas permanecen así como desde el principio de la creación.

Mas, oh amados, no ignoréis esto: que para con el Señor un día es como mil años, y mil años como un día.

El Señor no retarda su promesa, según algunos la tienen por tardanza, sino que es paciente para con nosotros, no queriendo que ninguno perezca, sino que todos procedan al arrepentimiento.

Pero el día del Señor vendrá como ladrón en la noche; en el cual los cielos pasarán con grande estruendo, y los elementos ardiendo serán deshechos, y la tierra y las obras que en ella hay serán quemadas.

Puesto que todas estas cosas han de ser deshechas, ¡cómo no debéis vosotros andar en santa y piadosa manera de vivir,

Esperando y apresurándoos para la venida del día de Dios, en el cual los cielos, encendiéndose, serán deshechos, y los elementos, siendo quemados, se fundirán!

Pero nosotros esperamos, según sus promesas, cielos nuevos y tierra nueva, en los cuales mora la justicia.

2 Pedro 3:3,4,8-13

Amados, ahora somos hijos de Dios, y aún no se ha manifestado lo que hemos de ser; pero sabemos que cuando él se manifieste, seremos semejantes a él, porque le veremos tal como él es.

Y todo aquel que tiene esta esperanza en él, se purifica a sí mismo, así como él es puro.

1 Juan 3:2,3

Entonces habrá señales en el sol, en la luna y en las estrellas, y en la tierra angustia de las gentes, confundidas a causa del bramido del mar y de las olas;

Desfalleciendo los hombres por el temor y la expectación de las cosas que sobrevendrán en la tierra; porque las potencias de los cielos serán conmovidas.

Entonces verán al Hijo del Hombre, que vendrá en una nube con poder y gran gloria.

Cuando estas cosas comiencen a suceder, erguíos y levantad vuestra cabeza, porque vuestra redención está cerca.

Lucas 21:25-28

Y estando él sentado en el monte de los Olivos, los discípulos se le acercaron aparte, diciendo: Dinos, ¿cuándo serán estas cosas, y qué señal habrá de tu venida, y del fin del siglo?

Respondiendo Jesús, les dijo: Mirad que nadie os engañe.

Porque vendrán muchos en mi nombre, diciendo: Yo soy el Cristo; y a muchos engañarán.

Y oiréis de guerras y rumores de guerras; mirad que no os turbéis, porque es necesario que todo esto acontezca; pero aún no es el fin.

Porque se levantará nación contra nación, y reino contra reino; y habrá pestes, y hambres, y terremotos en diferentes lugares.

Y todo esto será principio de dolores.

Entonces os entregarán a tribulación, y os matarán, y seréis aborrecidos de todas las gentes por causa de mi nombre.

Muchos tropezarán entonces, y se entregarán unos a otros, y unos a otros se aborrecerán.

Y muchos falsos profetas se levantarán, y engañarán a muchos;

Y por haberse multiplicado la maldad, el amor de muchos se enfriará.

Mas el que persevere hasta el fin, éste será salvo.

Y será predicado este evangelio del reino en todo el mundo, para testimonio a todas las naciones; y entonces vendrá el fin.

Mateo 24:3-14

Porque como el relámpago que sale del oriente y se muestra hasta el occidente, así será también la venida del Hijo del Hombre.

E inmediatamente después de la tribulación de aquellos días, el sol se oscurecerá, y la luna no dará su resplandor, y las estrellas caerán del cielo, y las potencias de los cielos serán conmovidas.

Entonces aparecerá la señal del Hijo del Hombre en el cielo; y entonces lamentarán todas las tribus de la tierra, y verán al Hijo del Hombre viniendo sobre las nubes del cielo, con poder y gran gloria.

Y enviará sus ángeles con gran voz de trompeta, y juntarán a sus escogidos, de los cuatro vientos, desde un extremo del cielo hasta el otro.

Mateo 24:27,29-31

Pero del día y la hora nadie sabe, ni aun los ángeles de los cielos, sino sólo mi Padre.

Mas como en los días de Noé, así será la venida del Hijo del Hombre.

Porque como en los días antes del diluvio estaban comiendo y bebiendo, casándose y dando en casamiento, hasta el día en que Noé entró en el arca,

Y no entendieron hasta que vino el diluvio y se los llevó a todos, así será también la venida del Hijo del Hombre.

Entonces estarán dos en el campo; el uno será tomado, y el otro será dejado.

Dos, mujeres estarán moliendo en un molino; la una será tomada, y la otra será dejada.

Velad, pues, porque no sabéis a qué hora ha de venir vuestro Señor.

Pero sabed esto, que si el padre de familia supiese a qué hora el ladrón habría de venir, velaría, y no dejaría minar su casa.

Por tanto, también vosotros estad preparados; porque el Hijo del Hombre vendrá a la hora que no pensáis.

Mateo 24:36-44

También debes saber esto: que en los postreros días vendrán tiempos peligrosos.

Porque habrá hombres amadores de sí mismos, avaros, vanagloriosos, soberbios, blasfemos, desobedientes a los padres, ingratos, impíos,

Sin afecto natural, implacables, calumniadores, intemperantes, crueles, aborrecedores de lo bueno,

Traidores, impetuosos, infatuados, amadores de los deleites más que de Dios,

Que tendrán apariencia de piedad, pero negarán la eficacia de ella; a éstos evita.

2 Timoteo 3:1-5

Pero el Espíritu dice claramente que en los postreros tiempos algunos apostatarán de la fe, escuchando a espíritus engañadores y a doctrinas de demonios;

Por la hipocresía de mentirosos que, teniendo cauterizada la conciencia,

Prohibirán casarse, y mandarán abstenerse de alimentos que Dios creó para que con acción de gracias participasen de ellos los creyentes y los que han conocido la verdad.

1 Timoteo 4:1-3

Te encarezco delante de Dios y del Señor Jesucristo, que juzgará a los vivos y a los muertos en su manifestación y en su reino,

Que prediques la palabra; que instes a tiempo y fuera de tiempo; redarguye, reprende, exhorta con toda paciencia y doctrina.

Porque vendrá tiempo cuando no sufrirán la sana doctrina, sino que teniendo comezón de oír, se amontonarán maestros conforme a sus propias concupiscencias,

Y apartarán de la verdad el oído y se volverán a las fábulas.

Pero tú sé sobrio en todo, soporta las aflicciones, haz obra de evangelista, cumple tu ministerio.

Porque yo ya estoy para ser sacrificado, y el tiempo de mi partida está cercano.

He peleado la buena batalla, he acabado la carrera, he guardado la fe.

Por lo demás, me está guardada la corona de justicia, la cual me dará el Señor, juez justo, en aquel día; y no sólo a mí, sino también a todos los que aman su venida.

2 Timoteo 4:1-8

De cierto os digo, que no pasará esta generación hasta que todo esto acontezca.

Mateo 24:34

No se turbe vuestro corazón; creéis en Dios, creed también en mí.

En la casa de mi Padre muchas moradas hay; si así no fuera, yo os lo hubiera dicho; voy, pues, a preparar lugar para vosotros.

Y si me fuere y os preparare lugar, vendré otra vez, y os tomaré a mí mismo, para que donde yo estoy, vosotros también estéis.

Y sabéis a dónde voy, y sabéis el camino.

Juan 14:1-4

Los No Salvos

Por cuanto todos pecaron, y están destituidos de la gloria de Dios,

Romanos 3:23

Por tanto, como el pecado entró en el mundo por un hombre, y por el pecado la muerte, así la muerte pasó a todos los hombres, por cuanto todos pecaron.

Romanos 5:12

Porque la paga del pecado es muerte, mas la dádiva de Dios es vida eterna en Cristo Jesús Señor nuestro.

Romanos 6:23

Porque la ira de Dios se revela desde el cielo contra toda impiedad e injusticia de los hombres que detienen con injusticia la verdad;

Porque lo que de Dios se conoce les es manifiesto, pues Dios se lo manifestó.

Porque las cosas invisibles de él, su eterno poder y deidad, se hacen claramente visibles desde la creación del mundo, siendo entendidas por medio de las cosas hechas, de modo que no tienen excusa.

Romanos 1:18-20

Mas Dios muestra su amor para con nosotros, en que siendo aún pecadores, Cristo murió por nosotros.

Romanos 5:8

El Señor no retarda su promesa, según algunos la tienen por tardanza, sino que es paciente para con nosotros, no queriendo que ninguno perezca, sino que todos procedan al arrepentimiento.

2 Pedro 3:9

Porque no envió Dios a su Hijo al mundo para condenar al mundo, sino para que el mundo sea salvo por él.

Juan 3:17

No he venido a llamar a justos, sino a pecadores al arrepentimiento.

Lucas 5:32

Porque el Hijo del Hombre vino a buscar y a salvar lo que se había perdido.

Lucas 19:10

Respondió Jesús y le dijo: De cierto, de cierto te digo, que el que no naciere de nuevo, no puede ver el reino de Dios.

Juan 3:3

Porque de tal manera amó Dios al mundo, que ha dado a su Hijo unigénito, para que todo aquel que en él cree, no se pierda, mas tenga vida eterna.

Juan 3:16

Y le hablaron la palabra del Señor a él y a todos los que estaban en su casa.

Hechos 16:32

Y les dijo: Id por todo el mundo y predicad el evangelio a toda criatura.

El que creyere y fuere bautizado, será salvo; mas el que no creyere, será condenado.

Marcos 16:15,16

El Espíritu del Señor está sobre mí, por cuanto me ha ungido para dar buenas nuevas a los pobres; me ha enviado a sanar a los quebrantados de corazón; a pregonar libertad a los cautivos, y vista a los ciegos; a poner en libertad a los oprimidos;

A predicar el año agradable del Señor.

Lucas 4:18,19

Verdades de la Biblia Acerca de...

El Perdonar a Otros

Porque si perdonáis a los hombres sus ofensas, os perdonará también a vosotros vuestro Padre celestial;

Mas si no perdonáis a los hombres sus ofensas, tampoco vuestro Padre os perdonará vuestras ofensas.

Mateo 6:14,15

Entonces se le acercó Pedro y le dijo: Señor, ¿cuántas veces perdonaré a mi hermano que peque contra mí? ¿Hasta siete?

Jesús le dijo: No te digo hasta siete, sino aun hasta setenta veces siete.

Mateo 18:21,22

Mirad por vosotros mismos. Si tu hermano pecare contra ti, repréndele; y si se arrepintiere, perdónale.

Lucas 17:3

Y cuando estéis orando, perdonad, si tenéis algo contra alguno, para que también vuestro Padre que está en los cielos os perdone a vosotros vuestras ofensas.

Marcos 11:25

Soportándoos unos a otros, y perdonándoos unos a otros si alguno tuviere queja contra otro. De la manera que Cristo os perdonó, así también hacedlo vosotros.

Colosenses 3:13

Hermanos, yo mismo no pretendo haberlo ya alcanzado; pero una cosa hago: olvidando ciertamente lo que queda atrás, y extendiéndome a lo que está delante,

Prosigo a la meta, al premio del supremo llamamiento de Dios en Cristo Jesús.

Filipenses 3:13,14

No os acordéis de las cosas pasadas, ni traigáis a memoria las cosas antiguas.

He aquí que yo hago cosa nueva; pronto saldrá a luz; ¿no la conoceréis? Otra vez abriré camino en el desierto, y ríos en la soledad.

Isaías 43:18,19

Porque esto merece aprobación, si alguno a causa de la conciencia delante de Dios, sufre molestias padeciendo injustamente.

Pues ¿qué gloria es, si pecando sois abofeteados, y lo soportáis? Mas si haciendo lo bueno sufrís, y lo soportáis, esto ciertamente es aprobado delante de Dios.

Pues para esto fuisteis llamados; porque también Cristo padeció por nosotros, dejándonos ejemplo, para que sigáis sus pisadas;

El cual no hizo pecado, ni se halló engaño en su boca;

Quien cuando le maldecían, no respondía con maldición; cuando padecía, no amenazaba, sino encomendaba la causa al que juzga justamente;

1 Pedro 2:19-23

Bienaventurados los que padecen persecución por causa de la justicia, porque de ellos es el reino de los cielos.

Bienaventurados sois cuando por mi causa os vituperen y os persigan, y digan toda clase de mal contra vosotros, mintiendo.

Gozaos y alegraos, porque vuestro galardón es grande en los cielos; porque así persiguieron a los profetas que fueron antes de vosotros.

Mateo 5:10-12

Pues conocemos al que dijo: Mía es la venganza, yo daré el pago, dice el Señor. Y otra vez: El Señor juzgará a su pueblo.

Hebreos 10:30

Amados, no os sorprendáis del fuego de prueba que os ha sobrevenido, como si alguna cosa extraña os aconteciese,

Sino gozaos por cuanto sois participantes de los padecimientos de Cristo, para que también en la revelación de su gloria os gocéis con gran alegría.

Si sois vituperados por el nombre de Cristo, sois bienaventurados, porque el glorioso Espíritu de Dios reposa sobre vosotros. Ciertamente, de parte de ellos, él es blasfemado, pero por vosotros es glorificado.

1 Pedro 4:12-14

Pero yo os digo: Amad a vuestros enemigos, bendecid a los que os maldicen, haced bien a los que os aborrecen, y orad por los que os ultrajan y os persiguen;

Mateo 5:44

No seas vencido de lo malo, sino vence con el bien el mal.

Romanos 12:21

No devolviendo mal por mal, ni maldición por maldición, sino por el contrario, bendiciendo, sabiendo que fuisteis llamados para que heredaseis bendición.
Porque: el que quiere amar la vida y ver días buenos, refrene su lengua de mal, y sus labios no hablen engaño;

1 Pedro 3:9,10

Quítense de vosotros toda amargura, enojó, ira, gritería y maledicencia, y toda malicia.
Antes sed benignos unos con otros, misericordiosos, perdonándoos unos a otros, como Dios también os perdonó a vosotros en Cristo.

Efesios 4:31,32

La Camaradería Cristiana

Lo que hemos visto y oído, eso os anunciamos, para que también vosotros tengáis comunión con nosotros; y nuestra comunión verdaderamente es con el Padre, y con su Hijo Jesucristo.

Pero si andamos en luz, como él está en luz, tenemos comunión unos con otros, y la sangre de Jesucristo su Hijo nos limpia de todo pecado.

1 Juan 1:3,7

Y andad en amor, como también Cristo nos amó, y se entregó a sí mismo por nosotros, ofrenda y sacrificio a Dios en olor fragante.

Hablando entre vosotros con salmos, con himnos y cánticos espirituales, cantando y alabando al Señor en vuestros corazones;

Porque somos miembros de su cuerpo, de su carne y de sus huesos.

Efesios 5:2,19,30

La palabra de Cristo more en abundancia en vosotros, enseñándoos y exhortándoos unos a otros en toda sabiduría, cantando con gracia en vuestros corazones al Señor con salmos e himnos y cánticos espirituales.

Colosenses 3:16

Para que sean consolados sus corazones, unidos en amor, hasta alcanzar todas las riquezas de pleno entendimiento, a fin de conocer el misterio de Dios el Padre, y de Cristo,

Colosenses 2:2

Entonces los que temían a Jehová hablaron cada uno a su compañero; y Jehová escuchó y oyó, y fue escrito libro de memoria delante de él para los que temen a Jehová, y para los que piensan en su nombre.

Malaquías 3:16

Y he aquí, dos de ellos iban el mismo día a una aldea llamada Emaús, que estaba a sesenta estadios de Jerusalén.

E iban hablando entre sí de todas aquellas cosas que habían acontecido.

Sucedió que mientras hablaban y discutían entre sí, Jesús mismo se acercó, y caminaba con ellos.

Lucas 24:13-15

Que juntos comunicábamos dulcemente los secretos, y andábamos en amistad en la casa de Dios.

Salmo 55:14

Y ya no estoy en el mundo; mas éstos están en el mundo, y yo voy a ti. Padre santo, a los que me has dado, guárdalos en tu nombre, para que sean uno, así como nosotros.

Para que todos sean uno; como tú, oh
Padre, en mí, y yo en ti, que también ellos sean
uno en nosotros; para que el mundo crea que tú
me enviaste.

La gloria que me diste, yo les he dado,
para que sean uno, así como nosotros somos uno.

Yo en ellos, y tú en mí, para que sean
perfectos en unidad, para que el mundo conozca
que tú me enviaste, y que los has amado a ellos
como también a mí has amado.

Juan 17:11,21-23

Cuando llegó el día de Pentecostés, estaban
todos unánimes juntos.

Y perseveraban en la doctrina de los
apóstoles, en la comunión unos con otros, en el
partimiento del pan y en las oraciones.

Y perseverando unánimes cada día en el
templo, y partiendo el pan en las casas, comían
juntos con alegría y sencillez de corazón.

Alabando a Dios, y teniendo favor con
todo el pueblo. Y el Señor añadía cada día a la
iglesia los que habían de ser salvos.

Hechos 2:1,42,46,47

Pero el Dios de la paciencia y de la consolación os dé entre vosotros un mismo sentir
según Cristo Jesús,

Para que unánimes a una voz, glorifiquéis
al Dios y Padre de nuestro Señor Jesucristo.

Por tanto, recibíos los unos a los otros, como también Cristo nos recibió, para gloria de Dios.

Romanos 15:5-7

Os ruego, pues, hermanos, por el nombre de nuestro Señor Jesucristo, que habléis todos una misma cosa, y que no haya entre vosotros divisiones, sino que estéis perfectamente unidos en una misma mente y en un mismo parecer.

1 Corintios 1:10

Sobrellevad los unos las cargas de los otros, y cumplid así la ley de Cristo.

Así que, según tengamos oportunidad, hagamos bien a todos, y mayormente a los de la familia de la fe.

Gálatas 6:2,10

Así que ya no sois extranjeros ni advenedizos, sino conciudadanos de los santos, y miembros de la familia de Dios,

Edificados sobre el fundamento de los apóstoles y profetas, siendo la principal piedra del ángulo Jesucristo mismo,

En quien todo el edificio, bien coordinado, va creciendo para ser un templo santo en el Señor;

En quien vosotros también sois juntamente edificados para morada de Dios en el Espíritu.

Efesios 2:19-22

Doy gracias a mi Dios siempre que me acuerdo de vosotros,

Solamente que os comportéis como es digno del evangelio de Cristo, para que o sea que vaya a veros, o que esté ausente, oiga de vosotros que estáis firmes en un mismo espíritu, combatiendo unánimes por la fe del evangelio,

Filipenses 1:3,27

Por tanto, si hay alguna consolación en Cristo, si algún consuelo de amor, si alguna comunión del Espíritu, si algún afecto entrañable, si alguna misericordia,

Completad mi gozo, sintiendo lo mismo, teniendo el mismo amor, unánimes, sintiendo una misma cosa.

Filipenses 2:1,2

Y considerémonos unos a otros para estimularnos al amor y a las buenas obras;

No dejando de reunirnos, como algunos tienen por costumbre, sino exhortándonos; y tanto más, cuanto veis que aquel día se acerca.

Hebreos 10:24,25

Sus Responsabilidades

Y les dijo: Id por todo el mundo y predicad el evangelio a toda criatura.

Marcos 16:15

Pero recibiréis poder, cuando haya venido sobre vosotros el Espíritu Santo, y me seréis testigos en Jerusalén, en toda Judea, en Samaria, y hasta lo último de la tierra.

Hechos 1:8

Vosotros sois la sal de la tierra; pero si la sal se desvaneciere, ¿con qué será salada? No sirve más para nada, sino para ser echada fuera y hollada por los hombres.

Vosotros sois la luz del mundo; una ciudad asentada sobre un monte no se puede esconder.

Ni se enciende una luz y se pone debajo de un almud, sino sobre el candelero, y alumbra a todos los que están en casa.

Así alumbre vuestra luz delante de los hombres, para que vean vuestras buenas obras, y glorifiquen a vuestro Padre que está en los cielos.

Mateo 5:13-16

Porque tuve hambre, y me disteis de comer; tuve sed, y me disteis de beber; fui forastero, y me recogisteis;

Estuve desnudo, y me cubristeis; enfermo, y me visitasteis; en la cárcel, y vinisteis a mí.

Entonces los justos le responderán diciendo: Señor, ¿cuándo te vimos hambriento, y te sustentamos, o sediento, y te dimos de beber?

¿Y cuándo te vimos forastero, y te recogimos, o desnudo, y te cubrimos?

¿O cuándo te vimos enfermo, o en la cárcel, y vinimos a ti?

Y respondiendo el Rey, les dirá: De cierto os digo que en cuanto lo hicisteis a uno de estos mis hermanos más pequeños, a mí lo hicisteis.

Mateo 25:35-40

Y cualquiera que dé a uno de estos pequeñitos un vaso de agua fría solamente, por cuanto es discípulo, de cierto os digo que no perderá su recompensa.

Mateo 10:42

Porque Dios no es injusto para olvidar vuestra obra y el trabajo de amor que habéis mostrado hacia su nombre, habiendo servido a los santos y sirviéndoles aún.

Hebreos 6:10

La religión pura y sin mácula delante de Dios el Padre es esta: Visitar a los huérfanos y a las viudas en sus tribulaciones, y guardarse sin mancha del mundo.

Santiago 1:27

Y si un hermano o una hermana están desnudos, y tienen necesidad del mantenimiento de cada día,

Y alguno de vosotros les dice: Id en paz, calentaos y saciaos, pero no les dais las cosas que son necesarias para el cuerpo, ¿de qué aprovecha?

Así también la fe, si no tiene obras, es muerta en sí misma.

Santiago 2:15-17

Y la gente le preguntaba, diciendo: Entonces, ¿qué haremos?

Y respondiendo, les dijo: El que tiene dos túnicas, dé al que no tiene: y el que tiene qué comer, haga lo mismo.

Lucas 3:10,11

Hermanos, si alguno fuere sorprendido en alguna falta, vosotros que sois espirituales, restauradle con espíritu de mansedumbre, considerándote a ti mismo, no sea que tú también seas tentado.

Sobrellevad los unos las cargas de los otros, y cumplid así la ley de Cristo.

Porque el que se cree ser algo, no siendo nada, a sí mismo se engaña.

Así que, cada uno someta a prueba su propia obra, y entonces tendrá motivo de gloriarse sólo respecto de sí mismo, y no en otro;

Porque cada uno llevará su propia carga.

El que es enseñado en la palabra, haga partícipe de toda cosa buena al que lo instruye.

Gálatas 6:1-6

En esto hemos conocido el amor, en que él puso su vida por nosotros; también nosotros debemos poner nuestras vidas por los hermanos.

Pero el que tiene bienes de este mundo y ve a su hermano tener necesidad, y cierra contra él su corazón, ¿cómo mora el amor de Dios en él?

Hijitos míos, no amemos de palabra ni de lengua, sino de hecho y en verdad.

1 Juan 3:16-18

Y estas palabras que yo te mando hoy, estarán sobre tu corazón;

Y las repetirás a tus hijos, y hablarás de ellas estando en tu casa, y andando por el camino, y al acostarte, y cuando te levantes.

Y las atarás como una señal en tu mano, y estarán como frontales entre tus ojos;

Y las escribirás en los postes de tu casa, y en tus puertas.

Deuteronomio 6:6-9

Porque si alguno no provee para los suyos, y mayormente para los de su casa, ha negado la fe, y es peor que un incrédulo.

1 Timoteo 5:8

Instruye al niño en su camino, y aun cuando fuere viejo no se apartará de él.

Proverbios 22:6

Instruye al niño en su camino, y aun cuando fuere viejo no se apartará de él.

Proverbios 22:6

Por tanto, pondréis estas mis palabras en vuestro corazón y en vuestra alma, y las ataréis como señal en vuestra mano, y serán por frontales entre vuestros ojos.

Y las enseñaréis a vuestros hijos, hablando de ellas cuando te sientes en tu casa, cuando andes por el camino, cuando te acuestes, y cuando te levantes,

Deuteronomio 11:18,19

Hablar la Palabra de Dios

Porque de cierto os digo que cualquiera que dijere a este monte: Quítate y échate en el mar, y no dudare en su corazón, sino creyere que será hecho lo que dice, lo que diga le será hecho.

Marcos 11:23

Entonces el Señor dijo: Si tuvierais fe como un grano de mostaza, podríais decir a este sicómoro: Desarráigate, y plántate en el mar; y os obedecería.

Lucas 17:6

Y levantándose, reprendió al viento, y dijo al mar: Calla, enmudece. Y cesó el viento, y se hizo grande bonanza.

Marcos 4:39

Por la fe entendemos haber sido constituido el universo por la palabra de Dios, de modo que lo que se ve fue hecho de lo que no se veía.

Hebreos 11:3

Porque yo no he hablado por mi propia cuenta; el Padre que me envió, él me dio mandamiento de lo que he de decir, y de lo que he de hablar.

Y sé que su mandamiento es vida eterna. Así pues, lo que yo hablo, lo hablo como el Padre me lo ha dicho.

Juan 12:49,50

Profeta les levantaré de en medio de sus hermanos, como tú; y pondré mis palabras en su boca, y él les hablará todo lo que yo le mandare.

Deuteronomio 18:18

Bendecid a Jehová, vosotros sus ángeles, poderosos en fortaleza, que ejecutáis su palabra, obedeciendo a la voz de su precepto.

Salmo 103:20

El sabio de corazón es llamado prudente, y la dulzura de labios aumenta el saber.

El corazón del sabio hace prudente su boca, y añade gracia a sus labios.

Panal de miel son los dichos suaves; suavidad al alma y medicina para los huesos.

El hombre perverso cava en busca del mal, y en sus labios hay como llama de fuego.

Cierra sus ojos para pensar perversidades; mueve sus labios, efectúa el mal.

Proverbios 16:21,23,24,27,30

Aguas profundas son las palabras de la boca del hombre; y arroyo que rebosa, la fuente de la sabiduría.

La boca del necio es quebrantamiento para sí, y sus labios son lazos para su alma.

Del fruto de la boca del hombre se llenará su vientre; se saciará del producto de sus labios.

La muerte y la vida están en poder de la lengua, y el que la ama comerá de sus frutos.

Proverbios 18:4,7,20,21

...Porque de la abundancia del corazón habla la boca.

Mas yo os digo que de toda palabra ociosa que hablen los hombres, de ella darán cuenta en el día del juicio.

Porque por tus palabras serás justificado, y por tus palabras serás condenado.

Mateo 12:34b,36,37

Si alguno se cree religioso entre vosotros, y no refrena su lengua, sino que engaña su corazón, la religión del tal es vana.

Santiago 1:26

Pero la justicia que es por la fe dice así:

Mas ¿qué dice? Cerca de ti está la palabra, en tu boca y en tu corazón. Esta es la palabra de fe que predicamos:

Que si confesares con tu boca que Jesús es el Señor, y creyeres en tu corazón que Dios le levantó de los muertos, serás salvo.

Porque con el corazón se cree para justicia, pero con la boca se confiesa para salvación.

Romanos 10:6a,8-10

Mantengamos firme, sin fluctuar, la profesión de nuestra esperanza, porque fiel es el que prometió.

Hebreos 10:23

Pero teniendo el mismo espíritu de fe, conforme a lo que está escrito: Creí, por lo cual hablé, nosotros también creemos, por lo cual también hablamos,

2 Corintios 4:13

Forjad espadas de vuestros azadones, lanzas de vuestras hoces; diga el débil: Fuerte soy.

Joel 3:10

Del fruto de su boca el hombre comerá el bien; mas el alma de los prevaricadores hallará el mal.

El que guarda su boca guarda su alma; mas el que mucho abre sus labios tendrá calamidad.

Proverbios 13:2,3

Hay hombres cuyas palabras son como golpes de espada; mas la lengua de los sabios es medicina.

Proverbios 12:18

Cómo Hallar la Voluntad de Dios

Y si alguno de vosotros tiene falta de sabiduría, pídala a Dios, el cual da a todos abundantemente y sin reproche, y le será dada.

Santiago 1:5

Te haré entender, y te enseñaré el camino en que debes andar; sobre ti fijaré mis ojos.

Salmo 32:8

Lámpara es a mis pies tu palabra, y lumbrera a mi camino.

Salmo 119:105

Te guiarán cuando andes; cuando duermas te guardarán; hablarán contigo cuando despiertes.

Porque el mandamiento es lámpara, y la enseñanza es luz, y camino de vida las represiones que te instruyen,

Proverbios 6:22,23

Nunca se apartará de tu boca este libro de la ley, sino que de día y de noche meditarás en él, para que guardes y hagas conforme a todo lo que en él está escrito; porque entonces harás prosperar tu camino, y todo te saldrá bien.

Josué 1:8

Entonces tus oídos oirán a tus espaldas palabra que diga: Este es el camino, andad por él; y no echéis a la mano derecha, ni tampoco torzáis a la mano izquierda.

Isaías 30:21

Porque este Dios es Dios nuestro eternamente y para siempre; El nos guiará aun más allá de la muerte.

Salmo 48:14

Encomienda a Jehová tus obras, y tus pensamientos serán afirmados.

Proverbios 16:3

Por Jehová son ordenados los pasos del hombre, y él aprueba su camino.

Salmo 37:23

Porque tú eres mi roca y mi castillo; por tu nombre me guiarás y me encaminarás.

Salmo 31:3

Y enviaste tu buen Espíritu para enseñarles, y no retiraste tu maná de su boca, y agua les diste para su sed.

Nehemías 9:20

Fíate de Jehová de todo tu corazón, y no te apoyes en tu propia prudencia.

Reconócelo en todos tus caminos, y él enderezará tus veredas.

Proverbios 3:5,6

Así ha dicho Jehová, Redentor tuyo, el Santo de Israel: Yo soy Jehová Dios tuyo, que te enseña provechosamente, que te encamina por el camino que debes seguir.

Isaías 48:17

Jehová te pastoreará siempre, y en las sequías saciará tu alma, y dará vigor a tus huesos; y serás como huerto de riego, y como manantial de aguas, cuyas aguas nunca faltan.

Isaías 58:11

Pero cuando venga el Espíritu de verdad, él os guiará a toda la verdad; porque no hablará por su propia cuenta, sino que hablará todo lo que oyere, y os hará saber las cosas que habrán de venir.

Juan 16:13

La Oración Respondida

Y antes que clamen, responderé yo; mientras aún hablan, yo habré oído.

Isaías 65:24

Pedid, y se os dará; buscad, y hallaréis; llamad, y se os abrirá.

Porque todo aquel que pide, recibe; y el que busca, halla; y al que llama, se le abrirá.

Mateo 7:7,8

Y todo lo que pidiereis en oración creyendo, lo recibiréis.

Mateo 21:22

Otra vez os digo, que si dos de vosotros se pusieren de acuerdo en la tierra acerca de cualquiera cosa que pidieren, les será hecho por mi Padre que está en los cielos.

Porque donde están dos o tres congregados en mi nombre, allí estoy yo en medio de ellos.

Mateo 18:19,20

Por tanto, os digo que todo lo que pidiereis orando, creed que lo recibiréis, y os vendrá.

Marcos 11:24

Y todo lo que pidiereis al Padre en mi nombre, lo haré, para que el Padre sea glorificado en el Hijo.

Juan 4:13

Si permanecéis en mí, y mis palabras permanecen en vosotros, pedid todo lo que queréis, y os será hecho.

Juan 15:7

En aquel día no me preguntaréis nada. De cierto, de cierto os digo, que todo cuanto pidiereis al Padre en mi nombre, os lo dará.

Juan 16:23

Acerquémonos, pues, confiadamente al trono de la gracia, para alcanzar misericordia y hallar gracia para el oportuno socorro.

Hebreos 4:16

Deléitate asimismo en Jehová, y él te concederá las peticiones de tu corazón.

Salmo 37:4

Me invocará, y yo le responderé; con el estaré yo en la angustia; lo libraré y le glorificaré.

Salmo 91:15

Cercano está Jehová a todos los que le invocan, a todos los que le invocan de veras.
Cumplirá el deseo de los que le temen; oirá asimismo el clamor de ellos, y los salvará.

Salmo 145:18,19

Jehová está lejos de los impíos; pero él oye la oración de los justos.

Proverbios 15:29

Clama a mí, y yo te responderé, y te enseñaré cosas grandes y ocultas que tú no conoces.

Jeremías 33:3

Mas tú, cuando ores, entra en tu aposento, y cerrada la puerta, ora a tu Padre que está en secreto; y tu Padre que ve en lo secreto te recompensará en público.

Mateo 6:6

Y cualquiera cosa que pidiéremos la recibiremos de él, porque guardamos sus mandamientos, y hacemos las cosas que son agradables delante de él.

1 Juan 3:22

Seres Amados
No Convertidos

Ellos dijeron: Cree en el Señor Jesucristo, y serás salvo, tú y tu casa.

Hechos 16:31

El te hablará palabras por las cuales serás salvo tú, y toda tu casa.

Hechos 11:14

Así, no es la voluntad de vuestro Padre que está en los cielos, que se pierda uno de estos pequeños.

Mateo 18:14

Porque yo derramaré aguas sobre el sequedal, y ríos sobre la tierra árida; mi Espíritu derramaré sobre tu generación, y mi bendición sobre tus renuevos;

Isaías 44:3

El Señor no retarda su promesa, según algunos la tienen por tardanza, sino que es paciente para con nosotros, no queriendo que ninguno perezca, sino que todos procedan al arrepentimiento.

2 Pedro 3:9

Asimismo vosotras, mujeres, estad sujetas a vuestros maridos; para que también los que no creen a la palabra, sean ganados sin palabra por la conducta de sus esposas,

Considerando vuestra conducta casta y respetuosa.

1 Pedro 3:1,2

Y si una mujer tiene marido que no sea creyente, y él consiente en vivir con ella, no lo abandone.

Porque el marido incrédulo es santificado en la mujer, y la mujer incrédula en el marido; pues de otra manera vuestros hijos serían inmundos, mientras que ahora son santos.

Pero si el incrédulo se separa, sepárese; pues no está el hermano o la hermana sujeto a servidumbre en semejante caso, sino que a paz nos llamó Dios.

Porque ¿qué sabes tú, oh mujer, si quizá harás salvo a tu marido? ¿O qué sabes tú, oh marido, si quizá harás salva a tu mujer?

1 Corintios 7:13-16

Examinadlo todo; retened lo bueno.
Absteneos de toda especie de mal.

1 Tesalonicenses 5:21,22

Jehová ha hecho notoria su salvación; a vista de las naciones ha descubierto su justicia.

Salmo 98:2

¿Quién hay entre vosotros que teme a Jehová, y oye la voz de su siervo? El que anda en tinieblas y carece de luz, confíe en el nombre de Jehová, y apóyese en su Dios.

Isaías 50:10

Echa sobre Jehová tu carga, y él te sustentará; no dejará para siempre caído al justo.

Salmo 55:22

Así dijo Jehová: Guardad derecho, y haced justicia; porque cercana está mi salvación para venir, y mi justicia para manifestarse.

Isaías 56:1

Pero yo os digo la verdad: Os conviene que yo me vaya; porque si no me fuere, el Consolador no vendría a vosotros; mas si me fuere, os lo enviaré.

Y cuando él venga, convencerá al mundo de pecado, de justicia y de juicio.

Juan 16:7,8

Instruye al niño en su camino, y aun cuando fuere viejo no se apartará de él.

Proverbios 22:6

Fiel es el que os llama, el cual también lo hará.

Tesalonicenses 5:24

El Matrimonio

Y dijo Jehová Dios: No es bueno que el hombre esté solo; le haré ayuda idónea para él.

Génesis 2:18

Por tanto, dejará el hombre a su padre y a su madre, y se unirá a su mujer, y serán una sola carne.

Génesis 2:24

El que halla esposa halla el bien, y alcanza la benevolencia de Jehová.

Proverbios 18:22

Casaos, y engendrad hijos e hijas; dad mujeres a vuestros hijos, y dad maridos a vuestras hijas, para que tengan hijos e hijas; y multiplicaos ahí, y no os disminuyáis.

Jeremías 29:6

Y te desposaré conmigo para siempre; te desposaré conmigo en justicia, juicio, benignidad y misericordia.

Y te desposaré conmigo en fidelidad, y conocerás a Jehová.

Oseas 2:19,20

Pero a causa de las fornicaciones, cada uno tenga su propia mujer, y cada una tenga su propio marido.

El marido cumpla con la mujer el deber conyugal, y asimismo la mujer con el marido.

La mujer no tiene potestad sobre su propio cuerpo, sino el marido; ni tampoco tiene el marido potestad sobre su propio cuerpo, sino la mujer.

1 Corintios 7:2-4

Quiero, pues, que las viudas jóvenes se casen, críen hijos, gobiernen su casa; que no den al adversario ninguna ocasión de maledicencia.

1 Timoteo 5:14

Honroso sea en todos el matrimonio, y el lecho sin mancilla; pero a los fornicarios y a los adúlteros los juzgará Dios.

Hebreos 13:4

Las casadas estén sujetas a sus propios maridos, como al Señor;

Porque el marido es cabeza de la mujer, así como Cristo es cabeza de la iglesia, la cual es su cuerpo, y él es su Salvador.

Así que, como la iglesia está sujeta a Cristo, así también las casadas lo estén a sus maridos en todo.

Maridos, amad a vuestras mujeres, así como Cristo amó a la iglesia, y se entregó a sí mismo por ella,

Para santificarla, habiéndola purificado en el lavamiento del agua por la palabra,

A fin de presentársela a sí mismo, una iglesia gloriosa, que no tuviese mancha ni arruga ni cosa semejante, sino que fuese santa y sin mancha.

Así también los maridos deben amar a sus mujeres como a sus mismos cuerpos. El que ama a su mujer, a sí mismo se ama.

Porque nadie aborreció jamás a su propia carne, sino que la sustenta y la cuida, como también Cristo a la iglesia,

Porque somos miembros de su cuerpo, de su carne y de sus huesos.

Por esto dejará el hombre a su padre y a su madre, y se unirá a su mujer, y los dos serán una sola carne.

Grande es este misterio; mas yo digo esto respecto de Cristo y de la iglesia.

Por lo demás, cada uno de vosotros ame también a su mujer como a sí mismo; y la mujer respete a su marido.

Efesios 5:22-23

Asimismo vosotras, mujeres, estad sujetas a vuestros maridos, para que también los que no creen a la palabra, sean ganados sin palabra por la conducta de sus esposas,

1 Pedro 3:1

Vosotros, maridos, igualmente, vivid con ellas sabiamente, dando honor a la mujer como a vaso más frágil, y como a coherederas de la gracia de la vida, para que vuestras oraciones no tengan estorbo.

1 Pedro 3:7

El Divorcio

También fue dicho: Cualquiera que repudie a su mujer, dele carta de divorcio.

Pero yo os digo que el que repudia a su mujer, a no ser por causa de fornicación, hace que ella adultere; y el que se casa con la repudiada, comete adulterio.

Mateo 5:31,32

Entonces vinieron a él los fariseos, tentándole y diciéndole: ¿Es lícito al hombre repudiar a su mujer por cualquier causa?

El, respondiendo, les dijo: ¿No habéis leído que el que los hizo al principio, varón y hembra los hizo,

Y dijo: Por esto el hombre dejará padre y madre, y se unirá a su mujer, y los dos serán una sola carne?

Así que no son ya más dos, sino una sola carne; por tanto, lo que Dios juntó, no lo separe el hombre.

Le dijeron: ¿Por qué, pues, mandó Moisés dar carta de divorcio, y repudiarla?

El les dijo: Por la dureza de vuestro corazón Moisés os permitió repudiar a vuestras mujeres: mas al principio no fue así.

Y yo os digo que cualquiera que repudia a su mujer, salvo por causa de fornicación, y se casa con otra, adultera; y el que se casa con la repudiada, adultera.

Mateo 19:3-9

Y se acercaron los fariseos y le preguntaron, para tentarle, si era lícito al marido repudiar a su mujer.

El, respondiendo, les dijo: ¿Qué os mandó Moisés?

Ellos dijeron: Moisés permitió dar carta de divorcio, y repudiarla.

Y respondiendo Jesús, les dijo: Por la dureza de vuestro corazón os escribió este mandamiento;

Pero al principio de la creación, varón y hembra los hizo Dios.

Por esto dejará el hombre a su padre y a su madre, y se unirá a su mujer,

Y los dos serán una sola carne; así que no son ya más dos, sino uno.

Por tanto, lo que Dios juntó, no lo separe el hombre.

En casa volvieron los discípulos a preguntarle de lo mismo,

Y les dijo: Cualquiera que repudia a su mujer y se casa con otra, comete adulterio contra ella;

Y si la mujer repudia a su marido y se casa con otro, comete adulterio.

Marcos 10:2-12

Todo el que repudia a su mujer, y se casa con otra, adultera; y el que se casa con la repudiada del marido, adultera.

Lucas 16:18

Pero a los que están unidos en matrimonio, mando, no yo, sino el Señor: Que la mujer no se separe del marido;

Y si se separa, quédese sin casar, o reconcíliese con su marido; y que el marido no abandone a su mujer.

Y a los demás yo digo, no el Señor: Si algún hermano tiene mujer que no sea creyente, y ella consiente en vivir con él, no la abandone.

Y si una mujer tiene marido que no sea creyente, y él consiente en vivir con ella, no lo abandone.

Porque el marido incrédulo es santificado en la mujer, y la mujer incrédula en el marido; pues de otra manera vuestros hijos serían inmundos, mientras que ahora son santos.

Pero si el incrédulo se separa, sepárese; pues no está el hermano o la hermana sujeto a servidumbre en semejante caso, sino que a paz nos llamó Dios.

Porque ¿qué sabes tú, oh mujer, si quizá harás salvo a tu marido? ¿O qué sabes tú, oh marido, si quizá harás salva a tu mujer?

Pero cada uno como el Señor le repartió, y como Dios llamó a cada uno, así haga; esto ordeno en todas las iglesias.

1 Corintios 7:10-17

Cuando alguno tomare mujer y se casare con ella, si no le agradare por haber hallado en ella alguna cosa indecente, le escribirá carta de divorcio, y se la entregará en su mano, y la despedirá de su casa.

Y salida de su casa, podrá ir y casarse con otro hombre.

Pero si la aborreciere este último, y le escribiere carta de divorcio, y se la entregare en su mano, y la despidiere de su casa; o si hubiere muerto el postrer hombre que la tomó por mujer,

No podrá su primer marido, que la despidió, volverla a tomar para que sea su mujer, después que fue envilecida; porque es abominación delante de Jehová, y no has de pervertir la tierra que Jehová tu Dios te da por heredad.

Deuteronomio 24:1-4

Dicen: Si alguno dejare a su mujer, y yéndose ésta de él se juntare a otro hombre, ¿volverá a ella más? ¿No será tal tierra del todo amancillada? Tú, pues, has fornicado con muchos amigos; mas ¡vuélvete a mí! dice Jehová.

Jeremías 3:1

Su Familia

Ellos dijeron: Cree en el Señor Jesucristo, y serás salvo, tú y tu casa.

Hechos 16:31

Y si mal os parece servir a Jehová, escogeos hoy a quién sirváis; si a los dioses a quienes sirvieron vuestros padres, cuando estuvieron al otro lado del río, o a los dioses de los amorreos en cuya tierra habitáis; pero yo y mi casa serviremos a Jehová.

Josué 24:15

Quítense de vosotros toda amargura, enojo, ira, gritería y maledicencia, y toda malicia.
Antes sed benignos unos con otros, misericordiosos, perdonándoos unos a otros, como Dios también os perdonó a vosotros en Cristo.

Efesios 4:31,32

Instruye al niño en su camino, y aun cuando fuere viejo no se apartará de él.

Proverbios 22:6

Honra a tu padre y a tu madre, para que tus días se alarguen en la tierra que Jehová tu Dios te da.

Exodo 20:12

Someteos unos a otros en el temor de Dios.

Las casadas estén sujetas a sus propios maridos, como al Señor;

Porque el marido es cabeza de la mujer, así como Cristo es cabeza de la iglesia, la cual es su cuerpo, y él es su Salvador.

Así que, como la iglesia está sujeta a Cristo, así también las casadas lo estén a sus maridos en todo.

Maridos, amad a vuestras mujeres, así como Cristo amó a la iglesia, y se entregó a sí mismo por ella,

Para santificarla, habiéndola purificado en el lavamiento del agua por la palabra,

A fin de presentársela a sí mismo, una iglesia gloriosa, que no tuviese mancha ni arruga ni cosa semejante, sino que fuese santa y sin mancha.

Así también los maridos deben amar a sus mujeres como a sus mismos cuerpos. El que ama a su mujer, a sí mismo se ama.

Porque nadie aborreció jamás a su propia carne, sino que la sustenta y la cuida, como también Cristo a la iglesia,

Porque somos miembros de su cuerpo, de su carne y de sus huesos.

Por esto dejará el hombre a su padre y a su madre, y se unirá a su mujer, y los dos serán una sola carne.

Grande es este misterio; mas yo digo esto respecto de Cristo y de la iglesia.

Por lo demás, cada uno de vosotros ame también a su mujer como a sí mismo; y la mujer respete a su marido.

Hijos, obedeced en el Señor a vuestros padres, porque esto es justo.

Honra a tu padre y a tu madre, que es el primer mandamiento con promesa;

Para que te vaya bien, y seas de larga vida sobre la tierra.

Y vosotros, padres, no provoquéis a ira a vuestros hijos, sino criadlos en disciplina y amonestación del Señor.

Efesios 5:21-6:4

Que gobierne bien su casa, que tenga a sus hijos en sujeción con toda honestidad

(Pues el que no sabe gobernar su propia casa, ¿cómo cuidará de la iglesia de Dios?);

1 Timoteo 3:4,5

He aquí, herencia de Jehová son los hijos; cosa de estima el fruto del vientre.

Como saetas en mano del valiente, así son los hijos habidos en la juventud.

Bienaventurado el hombre que llenó su aljaba de ellos; no será avergonzado cuando hablare con los enemigos en la puerta.

Salmo 127:3-5

El hará volver el corazón de los padres hacia los hijos, y el corazón de los hijos hacia los padres, no sea que yo venga y hiera la tierra con maldición.

Malaquías 4:6

Corona de los viejos son los nietos, y la honra de los hijos, sus padres.

Proverbios 17:6

Y estas palabras que yo te mando hoy, estarán sobre tu corazón;

Y las repetirás a tus hijos, y hablarás de ellas estando en tu casa, y andando por el camino, y al acostarte, y cuando te levantes.

Y las atarás como una señal en tu mano, y estarán como frontales entre tus ojos;

Y las escribirás en los postes de tu casa, y en tus puertas.

Deuteronomio 6:6-9

Corrige a tu hijo, y te dará descanso, y dará alegría a tu alma.

Proverbios 29:17

Y vosotros, padres, no provoquéis a ira a vuestros hijos, sino criadlos en disciplina y amonestación del Señor.

Efesios 6:4

El bueno dejará herederos a los hijos de sus hijos; pero la riqueza del pecador está guardada para el justo.

Proverbios 13:22

Bienaventurado todo aquel que teme a Jehová, que anda en sus caminos.

Cuando comieres el trabajo de tus manos, bienaventurado serás, y te irá bien.

Tu mujer será como vid que lleva fruto a los lados de tu casa: tus hijos como plantas de olivo alrededor de tu mesa.

He aquí que así será bendecido el hombre que teme a Jehová.

Salmo 128:1-4

Mucho se alegrará el padre del justo, y el que engendra sabio se gozará con él.

Proverbios 23:24

Y todos tus hijos serán enseñados por Jehová; y se multiplicará la paz de tus hijos.

Isaías 54:13

Las Esposas

El que halla esposa halla el bien, y alcanza la benevolencia de Jehová.

Proverbios 18:22

Asimismo vosotras, mujeres, estad sujetas a vuestros maridos; para que también los que no creen a la palabra, sean ganados sin palabra por la conducta de sus esposas,

Considerando vuestra conducta casta y respetuosa.

Vuestro atavío no sea el externo de peinados ostentosos, de adornos de oro o de vestidos lujosos,

Sino el interno, el del corazón, en el incorruptible ornato de un espíritu afable y apacible, que es de grande estima delante de Dios.

Porque así también se ataviaban en otro tiempo aquellas santas mujeres que esperaban en Dios, estando sujetas a sus maridos;

Como Sara obedecía a Abraham, llamándole señor, de la cual vosotras habéis venido a ser hijas, si hacéis el bien, sin temer ninguna amenaza.

Vosotros, maridos, igualmente, vivid con ellas sabiamente, dando honor a la mujer como a vaso más frágil, y como a coherederas de la gracia de la vida, para que vuestras oraciones no tengan estorbo.

1 Pedro 3:1-7

Goza de la vida con la mujer que amas, todos los días de la vida de tu vanidad que te son dados debajo del sol, todos los días de tu vanidad; porque ésta es tu parte en la vida, y en tu trabajo con que te afanas debajo del sol.

Ecclesiastés 9:9

El marido cumpla con la mujer el deber conyugal, y asimismo la mujer con el marido.

1 Corintios 7:3

Sea bendito tu manantial, y alégrate con la mujer de tu juventud,
Como cierva amada y graciosa gacela. Sus caricias te satisfagan en todo tiempo, y en su amor recréate siempre.

Proverbios 5:18,19

Casadas, estad sujetas a vuestros maridos, como conviene en el Señor.

Colosenses 3:18

Tu mujer será como vid que lleve fruto a los lados de tu casa; tus hijos como plantas de olivo alrededor de tu mesa.

Salmo 128:3

Someteos unos a otros en el temor de Dios.
Las casadas estén sujetas a sus propios maridos, como al Señor;

Porque el marido es cabeza de la mujer, así como Cristo es cabeza de la iglesia, la cual es su cuerpo, y él es su Salvador.

Así que, como la iglesia está sujeta a Cristo, así también las casadas lo estén a sus maridos en todo.

Maridos, amad a vuestras mujeres, así como Cristo amó a la iglesia, y se entregó a sí mismo por ella,

Para santificarla, habiéndola purificado en el lavamiento del agua por la palabra,

A fin de presentársela a sí mismo, una iglesia gloriosa, que no tuviese mancha ni arruga ni cosa semejante, sino que fuese santa y sin mancha.

Así también los maridos deben amar a sus mujeres como a sus mismos cuerpos. El que ama a su mujer, a sí mismo se ama.

Porque nadie aborreció jamás a su propia carne, sino que la sustenta y la cuida, como también Cristo a la iglesia,

Porque somos miembros de su cuerpo, de su carne y de sus huesos.

Por esto dejará el hombre a su padre y a su madre, y se unirá a su mujer, y los dos serán una sola carne.

Grande es este misterio; mas yo digo esto respecto de Cristo y de la iglesia.

Por lo demás, cada uno de vosotros ame también a su mujer como a sí mismo; y la mujer respete a su marido.

Efesios 5:21-33

Mujer virtuosa, ¿quién la hallará? Porque su estima sobrepasa largamente a la de las piedras preciosas.

El corazón de su marido está en ella confiado, y no carecerá de ganancias.

Le da ella bien y no mal todos los días de su vida.

Busca lana y lino, y con voluntad trabaja con sus manos.

Es como nave de mercader; trae su pan de lejos.

Se levanta aun de noche y da comida a su familia y ración a sus criadas.

Considera la heredad, y la compra, y planta viña del fruto de sus manos.

Ciñe de fuerza sus lomos, y esfuerza sus brazos.

Ve que van bien sus negocios; su lámpara no se apaga de noche.

Aplica su mano al huso, y sus manos a la rueca.

Alarga su mano al pobre, y extiende sus manos al menesteroso.

No tiene temor de la nieve por su familia, porque toda su familia está vestida de ropas dobles.

Ella se hace tapices; de lino fino y púrpura es su vestido.

Su marido es conocido en las puertas, cuando se sienta con los ancianos de la tierra.

Hace telas, y vende, y da cintas al mercader.

Fuerza y honor son su vestidura; y se ríe de lo por venir.

Abre su boca con sabiduría, y la ley de clemencia está en su lengua.

Considera los caminos de su casa, y no come el pan de balde.

Se levantan sus hijos y la llaman bienaventurada; y su marido también la alaba:

Muchas mujeres hicieron el bien; mas tú sobrepasas a todas.

Engañosa es la gracia, y vana la hermosura; la mujer que teme a Jehová, ésa será alabada.

Dadle del fruto de sus manos, y alábenla en las puertas sus hechos.

Proverbios 31:10-31

La mujer virtuosa es corona de su marido; mas la mala, como carcoma en sus huesos.

Proverbios 12:4

La mujer sabia edifica su casa; mas la necia con sus manos la derriba.

Proverbios 14:1

La casa y las riquezas son herencia de los padres; mas de Jehová la mujer prudente.

Proverbios 19:14

Las Viudas

La religión pura y sin mácula delante de Dios el Padre es ésta: Visitar a los huérfanos y a las viudas en sus tribulaciones, y guardarse sin mancha del mundo.

Santiago 1:27

La bendición del que se iba a perder venía sobre mí, y al corazón de la viuda yo daba alegría.

Job 29:13

Que hace justicia al huérfano y a la viuda; que ama también al extranjero dándole pan y vestido.

Deuteronomio 10:18

Jehová asolará la casa de los soberbios; pero afirmará la heredad de la viuda.

Proverbios 15:25

Jehová guarda a los extranjeros; al huérfano y a la viuda sostiene, y el camino de los impíos trastorna.

Salmo 146:9

Deja tus huérfanos, yo los criaré; y en mí confiarán tus viudas.

Jeremías 49:11

Porque tu marido es tu Hacedor; Jehová de los ejércitos es su nombre; y tu Redentor, el Santo de Israel; Dios de toda la tierra será llamado.

Isaías 54:5

La mujer casada está ligada por la ley mientras su marido vive; pero si su marido muriere, libre es para casarse con quien quiera, con tal que sea en el Señor.

Pero a mi juicio, más dichosa será si se quedare así; y pienso que también yo tengo el Espíritu de Dios.

1 Corintios 7:39,40

No os dejaré huérfanos; vendré a vosotros.

Juan 14:18

El sana a los quebrantados de corazón, y venda sus heridas.

Salmo 147:3

Padre de huérfanos y defensor de viudas es Dios en su santa morada.

Salmo 68:5

Maldito el que pervirtiere el derecho del extranjero, del huérfano y de la viuda. Y dirá todo el pueblo: Amén.

Deuteronomio 27:19

Así que, ofrezcamos siempre a Dios, por medio de él, sacrificio de alabanza, es decir, fruto de labios que confiesan su nombre.

Hebreos 13:15

Enseñándoles que guarden todas las cosas que os he mandado; y he aquí yo estoy con vosotros todos los días, hasta el fin del mundo. Amén.

Mateo 28:20

También vosotros ahora tenéis tristeza; pero os volveré a ver, y se gozará vuestro corazón, y nadie os quitará vuestro gozo.

Juan 16:22

Los Solteros

Y te desposaré conmigo para siempre; te desposaré conmigo en justicia, juicio benignidad y misericordia.

Oseas 2:19

Digo, pues, a los solteros y a las viudas, que bueno les fuera quedarse como yo;

1 Corintios 7:8

Pero cada uno como el Señor le repartió, y como Dios llamó a cada uno, así haga; esto ordeno en todas las iglesias.

1 Corintios 7:17

¿Estás ligado a mujer? No procures soltarte. ¿Estás libre de mujer? No procures casarte.

Mas también si te casas, no pecas; y si la doncella se casa, no peca; pero los tales tendrán aflicción de la carne, y yo os la quisiera evitar.

1 Corintios 7:27,28

Quisiera, pues, que estuvieseis sin congoja. El soltero tiene cuidado de las cosas del Señor, de cómo agradar al Señor;

Pero el casado tiene cuidado de las cosas del mundo, de cómo agradar a su mujer.

Esto lo digo para vuestro provecho; no para tenderos lazo, sino para lo honesto y decente, y para que sin impedimento os acerquéis al Señor.

1 Corintios 7:32,33,35

Pero el que está firme en su corazón, sin tener necesidad, sino que es dueño de su propia voluntad, y ha resuelto en su corazón guardar a su hija virgen, bien hace.

1 Corintios 7:37

Honroso sea en todos el matrimonio, y el lecho sin mancilla; pera los fornicarios y a los adúlteros los juzgará Dios.

Hebreos 13:4

Fíate de Jehová de todo tu corazón, y no te apoyes en tu propia prudencia.

Reconócelo en todos tus caminos, y él enderezará tus veredas.

Proverbios 3:5,6

Deléitate asimismo en Jehová, y él te concederá las peticiones de tu corazón.

Salmo 37:4

Así también vosotros, hermanos míos, habéis muerto a la ley mediante el cuerpo de Cristo, para que seáis de otro, del que resucitó de los muertos a fin de que llevemos fruto para Dios.

Romanos 7:4

Así que, cada uno someta a prueba su propia obra, y entonces tendrá motivo de gloriarse sólo respecto de sí mismo, y no en otro;

Gálatas 6:4

Al conocimiento, dominio propio; al dominio propio, paciencia; a la paciencia, piedad;

A la piedad, afecto fraternal; y al afecto fraternal, amor.

Porque si estas cosas están en vosotros, y abundan, no os dejarán estar ociosos ni sin fruto en cuanto al conocimiento de nuestro Señor Jesucristo.

2 Pedro 1:6-8

Los Ancianos

Y hasta la vejez yo mismo, y hasta las canas os soportaré yo; yo hice, yo llevaré, yo soportaré y guardaré.

Isaías 46:4

Oh Dios, me enseñaste desde mi juventud, y hasta ahora he manifestado tus maravillas.

Aun en la vejez y las canas, oh Dios, no me desampares, hasta que anuncie tu poder a la posteridad, y tu potencia a todos los que han de venir,

Salmo 71:17,18

La gloria de los jóvenes es su fuerza, y la hermosura de los ancianos es su vejez.

Proverbios 20:29

Corona de honra es la vejez, que se halla en el camino de justicia.

Proverbios 16:31

Aun en la vejez fructificarán; estarán vigorosos y verdes,

Salmo 92:14

Porque largura de días y años de vida y paz te aumentarán.

Proverbios 3:2

Lo saciaré de larga vida, y le mostraré mi salvación.

Salmo 91:16

Joven fuí, y he envejecido, y no he visto justo desamparado ni su descendencia que mendigue pan.

Salmo 37:25

Sean vuestras costumbres sin avaricia, contentos con lo que tenéis ahora; porque él dijo: No te desampararé, ni te dejaré;

Hebreos 13:5

Porque ¿cuál es nuestra esperanza, o gozo, o corona de que me gloríe? ¿No lo sois vosotros, delante de nuestro Señor Jesucristo, en su venida?

1 Tesalonicenses 2:19

Aunque ande en valle de sombra de muerte, no temeré mal alguno, porque tú estarás conmigo; tu vara y tu cayado me infundirán aliento.

Salmo 23:4

Los afligidos y menesterosos buscan las aguas, y no las hay; seca está de sed su lengua; yo Jehová los oiré, yo el Dios de Israel no los desampararé.

Isaías 41:17

Y olvidarás tu miseria, o te acordarás de ella como de aguas que pasaron.

Job 11:16

¿Por qué te abates, oh alma mía, y te turbas dentro de mí? Espera en Dios; porque aún he de alabarle, salvación mía y Dios mío.

Salmo 42:5

Por lo cual estoy seguro de que ni la muerte, ni la vida, ni ángeles, ni principados, ni potestades, ni lo presente, ni lo por venir,

Ni lo alto, ni lo profundo, ni ninguna otra cosa creada nos podrá separar del amor de Dios, que es en Cristo Jesús Señor nuestro.

Romanos 8:38,39

Ni nunca oyeron, ni oídos percibieron, ni ojo ha visto a Dios fuera de ti, que hiciese por el que en él espera.

Isaías 64:4

Ciertamente el bien y la misericordia me seguirán todos los días de mí vida, y en la casa de Jehová moraré por largos días.

Salmo 23:6

Qué Puede Hacer Usted Para...

Crecer Espiritualmente

Antes bien, creced en la gracia y el conocimiento de nuestro Señor y Salvador Jesucristo. A él sea gloria ahora y hasta el día de la eternidad. Amén.

2 Pedro 3:18

Desead, como niños recién nacidos, la leche espiritual no adulterada, para que por ella crezcáis para salvación,

Si es que habéis gustado la benignidad del Señor.

1 Pedro 2:2,3

Procura con diligencia presentarte a Dios aprobado, como obrero que no tiene de qué avergonzarse, que usa bien la palabra de verdad.

2 Timoteo 2:15

Guárdate tú también de él, pues en gran manera se ha opuesto a nuestras palabras.

1 Timoteo 4:15

Por tanto, dejando ya los rudimentos de la doctrina de Cristo, vamos adelante a la perfección;

Hebreos 6:1a

Vosotros también, poniendo toda diligencia por esto mismo, añadid a vuestra fe virtud; a la virtud, conocimiento;

Al conocimiento, dominio propio; al dominio propio, paciencia; a la paciencia, piedad;

A la piedad, afecto fraternal; y al afecto fraternal, amor.

Porque si estas cosas están en vosotros, y abundan, no os dejarán estar ociosos ni sin fruto en cuanto al conocimiento de nuestro Señor Jesucristo.

2 Pedro 1:5-8

Por esta causa doblo mis rodillas ante el Padre de nuestro Señor Jesucristo,

De quien toma nombre toda familia en los cielos y en la tierra,

Para que os dé, conforme a las riquezas de su gloria, el ser fortalecidos con poder en el hombre interior por su Espíritu;

Para que habite Cristo por la fe en vuestros corazones, a fin de que, arraigados y cimentados en amor,

Seáis plenamente capaces de comprender con todos los santos cuál sea la anchura, la longitud, la profundidad y la altura,

Y de conocer el amor de Cristo, que excede a todo conocimiento, para que seáis llenos de toda la plenitud de Dios.

Efesios 3:14-19

Por lo cual también nosotros, desde el día que lo oímos, no cesamos de orar por vosotros, y de pedir que seáis llenos del conocimiento de su voluntad en toda sabiduría e inteligencia espiritual,

Para que andéis como es digno del Señor, agradándole en todo, llevando fruto en toda buena obra, y creciendo en el conocimiento de Dios;

Fortalecidos con todo poder, conforme a la potencia de su gloria, para toda paciencia y longanimidad;

Colosenses 1:9-11

La palabra de Cristo more en abundancia en vosotros, enseñándoos y exhortándoos unos a otros en toda sabiduría, cantando con gracia en vuestros corazones al Señor con salmos e himnos y cánticos espirituales.

Colosenses 3:16

Por tanto, nosotros todos, mirando a cara descubierta como en un espejo la gloria del Señor, somos transformados de gloria en gloria en la misma imagen, como por el Espíritu del Señor.

2 Corintios 3:18

El justo florecerá como la palmera; crecerá como cedro en el Líbano.

Salmo 92:12

Estando persuadido de esto, que el que comenzó en vosotros la buena obra, la perfeccionará hasta el día de Jesucristo;

Y esto pido en oración, que vuestro amor abunde aun más y más en ciencia y en todo conocimiento,

Para que aprobéis lo mejor, a fin de que seáis sinceros e irreprensibles para el día de Cristo.

Filipenses 1:6,9,10

Para que ya no seamos niños fluctuantes, llevados por doquiera de todo viento de doctrina, por estratagema de hombres que para engañar emplean con astucia las artimañas del error,

Sino que siguiendo la verdad en amor, crezcamos en todo en aquel que es la cabeza, esto es, Cristo,

Efesios 4:14,15

Cambiar el Mundo

Vosotros sois la luz del mundo; una ciudad asentada sobre un monte no se puede esconder.

Ni se enciende una luz y se pone debajo de un almud, sino sobre el candelero, y alumbra a todos los que están en casa.

Así alumbre vuestra luz delante de los hombres, para que vean vuestras buenas obras y glorifiquen a vuestro Padre que está en los cielos.

Mateo 5:14-16

Los entendidos resplandecerán como el resplandor del firmamento; y los que enseñan la justicia a la multitud, como las estrellas a perpetua eternidad.

Daniel 12:3

Y les dijo: Id por todo el mundo y predicad el evangelio a toda criatura.

El que creyere y fuere bautizado, será salvo; mas el que no creyere, será condenado.

Y estas señales seguirán a los que creen: En mi nombre echarán fuera demonios; hablarán nuevas lenguas;

Tomarán en las manos serpientes, y si bebieren cosa mortífera, no les hará daño; sobre los enfermos pondrán sus manos, y sanarán.

Y el Señor, después que les habló, fue recibido arriba en el cielo, y se sentó a la diestra de Dios.

Y ellos, saliendo, predicaron en todas partes, ayudándoles el Señor y confirmando la palabra con las señales que la seguían. Amén.

Marcos 16:15-20

Pero recibiréis poder, cuando haya venido sobre vosotros el Espíritu Santo, y me seréis testigos en Jerusalén, en toda Judea, en Samaria, y hasta lo último de la tierra.

Hechos 1:8

El Espíritu del Señor está sobre mí, por cuanto me ha ungido para dar buenas nuevas a los pobres; me ha enviado a sanar a los quebrantados de corazón; a pregonar libertad a los cautivos, y vista a los ciegos; a poner en libertad a los oprimidos;

Lucas 4:18

De cierto, de cierto os digo: El que en mí cree, las obras que yo hago, él las hará también; y aun mayores hará, porque yo voy al Padre.

Juan 14:12

Y yo también te digo, que tú eres Pedro, y sobre esta roca edificaré mi iglesia; y las puertas del Hades no prevalecerán contra ella.

Y a ti te daré las llaves del reino de los cielos; y todo lo que atares en la tierra será atado en los cielos; y todo lo que desatares en la tierra será desatado en los cielos.

Mateo 16:18,19

Un mandamiento nuevo os doy: Que os améis unos a otros; como yo os he amado, que también os améis unos a otros.

En esto conocerán todos que sois mis discípulos, si tuviereis amor los unos con los otros.

Juan 13:34,35

Nosotros somos de Dios; el que conoce a Dios, nos oye; el que no es de Dios, no nos oye. En esto conocemos el espíritu de verdad y el espíritu de error.

Y nosotros hemos conocido y creído el amor que Dios tiene para con nosotros. Dios es amor; y el que permanece en amor, permanece en Dios, y Dios en él.

En esto se ha perfeccionado el amor en nosotros, para que tengamos confianza en el día del juico; pues como él es, así somos nosotros en este mundo.

1 Juan 4:6,16,17

Porque todo lo que es nacido de Dios vence al mundo; y esta es la victoria que ha vencido al mundo, nuestra fe.

¿Quién es el que vence al mundo, sino el que cree que Jesús es el Hijo de Dios?

1 Juan 5:4,5

Es, pues, la fe la certeza de lo que se espera, la convicción de lo que no se ve.

Porque por ella alcanzaron buen testimonio los antiguos.

Por la fe entendemos haber sido constituido el universo por la palabra de Dios, de modo que lo que se ve fue hecho de lo que no se veía.

Que por fe conquistaron reinos, hicieron justicia, alcanzaron promesas, taparon bocas de leones,

Apagaron fuegos impetuosos, evitaron filo de espada, sacaron fuerzas de debilidad, se hicieron fuertes en batallas, pusieron en fuga ejércitos extranjeros.

Hebreos 11:1-3,33,34

Vosotros sois la sal de la tierra;

Mateo 5:13a

Porque de tal manera amó Dios al mundo, que ha dado a su Hijo unigénito, para que todo aquel que en él cree, no se pierda, mas tenga vida eterna.

Juan 3:16

Por tanto, id, y haced discípulos a todas las naciones, bautizándolos en el nombre del Padre, y del Hijo, y del Espíritu Santo;

Enseñándoles que guarden todas las cosas que os he mandado; y he aquí yo estoy con vosotros todos los días, hasta el fin del mundo. Amén.

Mateo 28:19,20

Ayudarse en los Negocios

Nunca se apartará de tu boca este libro de la ley, sino que de día y de noche meditarás en él, para que guardes y hagas conforme a todo lo que en él está escrito; porque entonces harás prosperar tu camino, y todo te saldrá bien.

Josué 1:8

Así ha dicho Jehová, Redentor tuyo, el Santo de Israel: Yo soy Jehová Dios tuyo, que te enseña provechosamente, que te encamina por el camino que debes seguir.

Isaías 48:17

Amado, yo deseo que tú seas prosperado en todas las cosas, y que tengas salud, así como prospera tu alma.

3 Juan 2

Sino acuérdate de Jehová tu Dios, porque él te da el poder para hacer las riquezas, a fin de confirmar su pacto que juró a tus padres, como en este día.

Deuteronomio 8:18

Fíate de Jehová de todo tu corazón, y no te apoyes en tu propia prudencia.

Reconócelo en todos tus caminos, y él enderezará tus veredas.

No seas sabio en tu propia opinión, teme a Jehová, y apártate del mal;

Porque será medicina a tu cuerpo, y refrigerio para tus huesos

Honra a Jehová con tus bienes, y con las primicias de todos tus frutos;

Y serán llenos tus graneros con abundancia, y tus lagares rebosarán de mosto.

Proverbios 3:5-10

Entonces serás prosperado, si cuidares de poner por obra los estatutos y decretos que Jehová mandó a Moisés para Israel. Esfuérzate, pues, y cobra ánimo: no temas, ni desmayes.

1 Cronicas 22:13

Bienaventurado el varón que no anduvo en consejo de malos, ni estuvo en camino de pecadores, ni en silla de escarnecedores se ha sentado;

Sino que en la ley de Jehová está su delicia, y en su ley medita de día y de noche.

Será como árbol plantado junto a corrientes de aguas, que da su fruto en su tiempo, y su hoja no cae; y todo lo que hace, prosperará.

Salmo 1:1-3

Acontecerá que si oyeres atentamente la voz de Jehová tu Dios, para guardar y poner por obra todos sus mandamientos que yo te prescribo hoy, también Jehová tu Dios te exaltará sobre todas las naciones de la tierra.

Y vendrán sobre ti todas estas bendiciones, y te alcanzarán, si oyeres la voz de Jehová tu Dios.

Bendito serás tú en la ciudad, y bendito tú en el campo.

Bendito el fruto de tu vientre, el fruto de tu tierra, el fruto de tus bestias, la cría de tus vacas y los rebaños de tus ovejas.

Benditas serán tu canasta y tu artesa de amasar.

Bendito serás en tu entrar, y bendito en tu salir.

Jehová te enviará su bendición sobre tus graneros, y sobre todo aquello en que pusieres tu mano; y te bendecirá en la tierra que Jehová tu Dios te da.

Y te hará Jehová sobreabundar en bienes, en el fruto de tu vientre, en el fruto de tu bestia, y en el fruto de tu tierra, en el país que Jehová juró a tus padres que te había de dar.

Te abrirá Jehová su buen tesoro, el cielo, para enviar la lluvia a tu tierra en su tiempo, y para bendecir toda obra de tus manos. Y prestarás a muchas naciones, y tú no pedirás prestado.

Te pondrá Jehová por cabeza, y no por cola; y estarás encima solamente, y no estarás debajo, si obedecieres los mandamientos de Jehová tu Dios, que yo te ordeno hoy, para que los guardes y cumplas,

Deuteronomio 28:1-6,8,11-13

Mas buscad primeramente el reino de Dios
y su justicia, y todas estas cosas os serán añadidas.

Mateo 6:33

Encomienda a Jehová tus obras, y tus pensamientos serán afirmados.

Proverbios 16:3

Con sabiduría se edificará la casa, y con
prudencia se afirmará;
Y con ciencia se llenarán las cámaras de
todo bien preciado y agradable.

Proverbios 24:3,4

Yo sigo el camino de todos en la tierra;
esfuérzate, y sé hombre.
Guarda los preceptos de Jehová tu Dios,
andando en sus caminos, y observando sus
estatutos y mandamientos, sus decretos y sus
testimonios, de la manera que está escrito en la
ley de Moisés, para que prosperes en todo lo que
hagas y en todo aquello que emprendas:

1 Reyes 2:2,3

Si oyeren, y le sirvieren, acabarán sus días
en bienestar, y sus años en dicha.

Job 36:11

En lo que requiere diligencia, no
perezosos; fervientes en espíritu, sirviendo al
Señor;

Romans 12:11

Amos, haced lo que es justo y recto con vuestros siervos, sabiendo que también vosotros tenéis un Amo en los cielos.

Colosenses 4:1

...Pero os rogamos, hermanos, que abundéis en ello más y más;

Y que procuréis tener tranquilidad, y ocuparos en vuestros negocios, y trabajar con vuestras manos de la manera que os hemos mandado,

A fin de que os conduzcáis honradamente para con los de afuera, y no tengáis necesidad de nada.

1 Tesalonicenses 4:10b-12

Agradar a Dios

Todos los llamados de mi nombre; para gloria mía los he creado, los formé y los hice.

Este pueblo he creado para mí; mis alabanzas publicará.

Isaías 43:7,12

Mas la hora viene, y ahora es, cuando los verdaderos adoradores adorarán al Padre en espíritu y en verdad; porque también el Padre tales adoradores busca que le adoren.

Dios es Espíritu; y los que le adoran, en espíritu y en verdad es necesario que adoren.

Juan 4:23,24

Cuando sonaban, pues, las trompetas, y cantaban todos a una, para alabar y dar gracias a Jehová, y a medida que alzaban la voz con trompetas y címbalos y otros instrumentos de música, y alababan a Jehová, diciendo: Porque él es bueno, porque su misericordia es para siempre, entonces la casa se llenó de una nube, la casa de Jehová.

Y no podían los sacerdotes estar allí para ministrar, por causa de la nube; porque la gloria de Jehová había llenado la casa de Dios.

2 Crónicas 5:13,14

Vosotros también, como piedras vivas, sed edificados como casa espiritual y sacerdocio santo, para ofrecer sacrificios espirituales aceptables a Dios por medio de Jesucristo.

Mas vosotros sois linaje escogido, real sacerdocio, nación santa, pueblo adquirido por Dios, para que anunciéis las virtudes de aquel que os llamó de las tinieblas a su luz admirable;

1 Pedro 2:5,9

Así que, ofrezcamos siempre a Dios, por medio de él, sacrificio de alabanza, es decir, fruto de labios que confiesan su nombre.

Y de hacer bien y de la ayuda mutua no os olvidéis; porque de tales sacrificios se agrada Dios.

Hebreos 13:15,16

Señor, digno eres de recibir la gloria y la honra y el poder; porque tú creaste todas las cosas, y por tu voluntad existen y fueron creadas.

Apocalipsis 4:11

Pero sin fe es imposible agradar a Dios; porque es necesario que el que se acerca a Dios crea que le hay, y que es galardonador de los que le buscan.

Hebreos 11:6

Para que andéis como es digno del Señor, agradándole en todo, llevando fruto en toda buena obra, y creciendo en el conocimiento de Dios;

Colosenses 1:10

Así que, hermanos, os ruego por las misericordias de Dios, que presentéis vuestros cuerpos en sacrificio vivo, santo, agradable a Dios, que es vuestro culto racional.

No os conforméis a este siglo, sino transformaos por medio de la renovación de vuestro entendimiento, para que comprobéis cuál sea la buena voluntad de Dios, agradable y perfecta.

Romanos 12:1,2

Exhorto ante todo, a que se hagan rogativas, oraciones, peticiones y acciones de gracias, por todos los hombres;

Porque esto es bueno y agradable delante de Dios nuestro Salvador,

Quiero, pues, que los hombres oren en todo lugar, levantando manos santas, sin ira ni contienda.

1 Timoteo 2:1,3,8

La alabanza de Jehová proclamará mi boca; y todos bendigan su santo nombre eternamente y para siempre.

Salmo 145:21

Yo alabaré a Jehová en gran manera con mi boca, y en medio de muchos le alabaré.

Salmo 109:30

Pueblos todos, batid las manos; aclamad a Dios con voz de júbilo.

Salmo 47:1

Se complace Jehová en los que le temen,
y en los que esperan en su misericordia.

Salmo 147:11

Cantad a Jehová cántico nuevo; su alabanza sea en la congregación de los santos.

Alégrese Israel en su Hacedor; los hijos
de Sión se gocen en su Rey.

Alaben su nombre con danza; con pandero
y arpa a él canten.

Porque Jehová tiene contentamiento en su
pueblo; hermoseará los humildes con la salvación.

Regocíjense los santos por su gloria, y
canten aun sobre sus camas.

Exalten a Dios con sus gargantas.

Salmo 149:1-6a

Y los que viven según la carne no pueden
agradar a Dios.

Mas vosotros no vivís según la carne, sino
según el Espíritu,

Romanos 8:8,9a

Y cualquiera cosa que pidiéremos la
recibiremos de él, porque guardamos sus mandamientos, y hacemos las cosas que son agradables
delante de él.

1 Juan 3:22

El Plan de Dios
para Salvación...

Para Salvación

Por tanto, como el pecado entró en el mundo por un hombre, y por el pecado la muerte, así la muerte pasó a todos los hombres, por cuanto todos pecaron.

Romanos 5:12

Por cuanto todos pecaron, y están destituidos de la gloria de Dios,

Romanos 3:23

Porque la paga del pecado es muerte, mas la dádiva de Dios es vida eterna en Cristo Jesús Señor nuestro.

Romanos 6:23

Mas Dios muestra su amor para con nosotros, en que siendo aún pecadores, Cristo murió por nosotros.

Romanos 5:8

Además os declaro, hermanos, el evangelio que os he predicado, el cual también recibisteis, en el cual también perseveráis;

Por el cual asimismo, si retenéis la palabra que os he predicado, sois salvos, si no creísteis en vano.

Porque primeramente os he enseñado lo que asimismo recibí: Que Cristo murió por nuestros pecados, conforme a las Escrituras,

Y que fue sepultado, y que resucitó al tercer día, conforme a las Escrituras;

1 Corintios 15:1-4

Porque no envió Dios a su Hijo al mundo para condenar al mundo, sino para que el mundo sea salvo por él.

Juan 3:17

El que cree en el Hijo tiene vida eterna; pero el que rehúsa creer en el Hijo no verá la vida, sino que la ira de Dios está sobre él.

Juan 3:36

Porque de tal manera amó Dios al mundo, que ha dado a su Hijo unigénito, para que todo aquél que en él cree, no se pierda, mas tenga vida eterna.

Juan 3:16

Mas a todos los que le recibieron, a los que creen en su nombre, les dio potestad de ser hechos hijos de Dios;

Juan 1:12

Porque por gracia sois salvos por medio de la fe; y esto no de vosotros, pues es don de Dios;

No por obras, para que nadie se gloríe.

Efesios 2:8,9

He aquí, yo estoy a la puerta y llamo; si alguno oye mi voz y abre la puerta, entraré a él, y cenaré con él, y él conmigo.

Apocalipsis 3:20

Mas ¿qué dice? Cerca de ti está la palabra, en tu boca y en tu corazón. Esta es la palabra de fe que predicamos:
Que si confesares con tu boca que Jesús es el Señor, y creyeres en tu corazón que Dios le levantó de los muertos, serás salvo.
Porque con el corazón se cree para justicia, pero con la boca se confiesa para salvación.

Romanos 10:8-10

A cualquiera, pues, que me confiese delante de los hombres, yo también le confesaré delante de mi Padre que está en los cielos.

Mateo 10:32

Y este es el testimonio: que Dios nos ha dado vida eterna; y esta vida está en su Hijo.
El que tiene al Hijo, tiene la vida; el que no tiene al Hijo de Dios no tiene la vida.
Estas cosas os he escrito a vosotros que creéis en el nombre del Hijo de Dios, para que sepáis que tenéis vida eterna, y para que creáis en el nombre del Hijo de Dios.

1 Juan 5:11-13

MI LISTA DE ORACION

MI LISTA DE ORACION